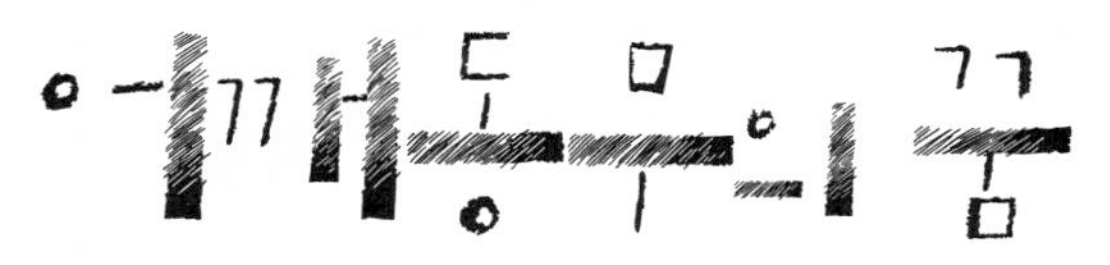

알콩달콩 통합학급 이야기

이 진 저

추천의 글

많은 장애아이들의 꿈은 학교에서 일반아이들과 차별되지 않게 같이 공부하고 같이 어깨동무하고 놀면서 생활하는 것이다. 어른들은 그것을 통합교육이라고 부르고 아이들은 그냥 친구와 함께 지내는 것이라고 생각한다. 하지만 학교의 현실에서 통합교육을 실천하는 것은 아이들도 어렵고 교사들도 쉽지가 않다. 왜냐하면 많은 아이들은 장애로 인하여 학습능력도 떨어지고 사회성도 떨어지며, 특히 놀이 문화가 다른 아이들과 차이 나기 때문이다. 그래서 학급 친구들과 같이 컴퓨터 게임을 하거나 축구나 농구를 하는 것도 쉽지가 않다.

『어깨동무의 꿈』을 읽으며 일반교사로 담임을 하며 어떻게 장애아이들을 생각하고 배려하여 일반아이들과 하나가 되도록 노력하는지 저자의 작은 실천의 모습들을 발견하였다. 장애가 있다고 잘못을 해도 무조건 용서하고 일반아이들만 나무라는 마음 약한 교사, 장애아이들을 가능하면 일반아이들과 분리하여 같이 어울리지 못하게 하는 것이 효과적이라는 교사, '장애가 있으니 특수교사가 알아서 하겠지.' 하는 교사, 장애가 있는 아이들을 어찌하지 못하고 그냥 피하고만 싶은 교사가 많은 현실에서 말이다.

누군가가 교사들에게 장애가 있는 학급 아이를 위해 특별한 배려만을 요구하거나 너무도 어렵고 신경 쓰이는 노력과 관심, 특별한 교재교구 연구와 수업 방식을 요구한다면 통합교육은 너무도 빠르게 우리 주변과 학교에서 자취를 감추어 갈 것이다.

교사로서 장애학생을 배려하는 것은 그냥 반에서 아이들과 차별되지 않게 친구가 되도록 하는 것이다. 그리고 장애로 인한 다름을 가르치며 그 다름은 틀린 것이 아니라는 것을 일반아이들이 느끼게 하는 것이다. 함께 살아가는 세상에서 다양성을 존중하고 인정해 갈 수 있는 마음을 갖게 하는 것은 국어, 수학 등 교과 시험에서 100점을 맞는 것보다 우선이고 소중한 일이다.

학교나 주변에서 장애가 있는 아이들을 만나면 이진 선생님처럼 당황하지 않고 서두르지도 않으며 특별나지 않게 도움이 되는 역할이 최고라는 생각을 한다. 이 책이 많은 아이들과 교사들에게 작은 희망이 되고 웃음이 되며, 행동보다 마음에서부터 작은 배려가 톡톡 피어나게 하길 간절히 바라는 마음이다. 장애인들의 사회통합을 위하여!

(사) 꿈 너머 꿈

대표 전선주

머리글

모든 국민은 인간으로서의 존엄과 가치를 가지며,

행복을 추구할 권리를 가진다.

—대한민국 「헌법」 제10조 中—

6학년 아이들이 사회 시간에 배우는 내용이다. 내가 있는 곳은 초등학교여서 위에 나오는 '국민' 대신 '아이들'이라고 가끔 바꿔 되새겨 본다. 모든 아이들은 인간으로서의 존엄과 가치를 가지며, 행복을 추구할 권리를 가진다…….

학급 구성원 모두가 즐겁게 지낼 수 있는 학급이 될 때 그 작은 단위들이 자라서 사회 구성원 모두가 즐겁게 지낼 수 있는 우리나라가 될 것이라는 생각으로 아이들과 같이 지낸 세월이 벌써 23년이다.

이 책에는 그동안 통합학급 담임을 하면서 겪었던 여러 가지 이야기를 담았다. 이 가운데는 내가 잘하지 못했거나 부끄러웠던 일들도 많이 있음을 고백한다. 아이들이 서로에 대한 이해 부족으로 갈등 상황이 생기고 힘들 때도 있었지만, 통합학급이 아닌 곳에서는 경험하기 어려운 아이들의 높은 배려심과 협동심 그리고 착하고 순수하고 진실한 모습들을 많이 보았다. 정말 아이들을 스승으로 모시고 싶을 만큼…….

20년 전 담임할 때나 지금 담임할 때나, 세월은 변했지만 아이들의 변하지 않는 모습이 하나 있다. 통합학급을 맡았을 때 담임 선생님이 장애학생을 싫어하거나 수단시하지 않으며 그 자체로 귀하게 여기려는 마음을 가지고 대하면, 아이들도 선생님의 그런 마음을 꼭 닮게 된다는 것이다. 통합교육이 주는 교훈 중 하나다.

통합학급을 담임하면서 가르친다는 것에 대한 땀과 멋을 듬뿍 안겨 준 우리 아이들에게 고마움을 전한다. 그리고 교육동지이자 삶의 멘토로서 추천의 글을 기꺼이 써 주신 '(사) 꿈 너머 꿈' 전선주 대표님과 새로운 분야의 발전을 위해 작은 씨앗 하나를 심는다는 심정으로 책을 출판하신다는 학지사 김진환 사장님께 고마움을 전한다.

끝으로 이 책이 오늘도 학교 현장에서 애쓰시는 통합학급 선생님들께 작은 힘과 쉼이 되었으면 하는 바람이다.

글쓴이 드림

차 례

Contents

이야기 셋

이야기 넷

이야기 하나

민기와의 만남

2월 말 전 직원 출근일. 새로 오신 선생님 인사를 하고 학년과 담당 업무 발표를 했다. 새로 맡은 아이들 출석부를 들고 교실에 있는데 옆 반 선생님이 오시더니 "선생님, 민기가 선생님 반이라면서요?" 하고 물으셨다. 민기가 누구냐고 하니 "아, 있잖아요. 장애아이."라고 하셨다. 그때서야 내가 장애아이를 맡게 되었다는 것을 알게 되었다. 우리 학교는 특수학급이 없어서 장애아이가 학교에 오면 집에 갈 때까지 같이 일반학급에 있어야 한다. 민기의 4학년 때 담임 선생님께 가서 아이에 대해 이것저것 물어보았고, 민기 어머니께서 체육 시간과 미술 시간에 민기가 잘하도록 도와주러 오신다는 것을 알게 되었다. 갑자기 부담감이 느껴졌다. 장애아이 어머님이 수업 시간에 오신다는 것은 처음 겪는 일이었다. 그런데 정확하게 말하자면 민기를 담임하게 된 사실을 아침에 학교 와서 알게 된 것은 아니었다. 전 직원 출근일 전날 밤 꿈을 꾸었는데 놀랍게도 장애아이를 담임하게 되는 꿈이었다. 처음에는 놀라고 당황했는데, 신기하게 그 꿈의 마지막에는 마음이 편안해지는 것이었다. 그런 꿈을 꾼 뒤 학교에 와서 장애아이를 담임하게 되었으니 참 이상한 일이었다.

어머니께서 학교에 찾아오셨다. 어머니께서도 요즘 잠을 잘 못 잤다고 하신다. 민기의 담임 선생님이 누가 될지, 어떻게 또 한 해를 부탁드려야 할지 이런저런 걱정에 해마다 이맘때면 잠을 설친다고 하신다. 그 말씀을 들으니 마음이 뭉클해졌다. 대다수 장애아이 부모님의 마음이 그럴 것이다. 민기는 발달장애 2급인데, 특수학급이 있는 먼 학교로 보내려다가 집에서 가깝고 동네 친구들도 다니는 이 학교에 다니는 것이 더 낫겠다고 생각하셔서 1학년 때부터 다니게 했다고 하셨다. 체육 시간과 미술 시간에만 와서 민기를 봐주면 담임인 내가 수업하기도 더 좋을 거라 하시면서 전혀 부담되지 않도록 하겠다고도 말씀하셨다. 어머님을 뵙고 나니 부담감이 덜해지는 것 같았다.

민기야, 우리 잘 지내보자.

도우미 친구들

민기는 집과 학교를 오고 가는 길을 혼자 다니지 못한다. 거리가 멀거나 복잡하지 않지만 길을 잃어버려서 어려운 것이다. 우리 반 남자애들 세 명이 민기 집에 가서 민기를 데리고 학교에 같이 온다. 아침에 민기와 같이 오는 아이들을 만나면 반갑다. 한 아이는 작년에도 민기와 같은 반이었는데 올해도 민기를 돕고 싶다고 같은 반이 되게 해 달라고 스스로 지원했단다. 장애아이를 일 년 담임하고 나면 그다음 해 스스로 지원해서 또 맡고자 하는 통합학급 담임이 얼마나 있을까? 통합교육 환경의 구조적인 어려움이 있다고 외치지만 그 어려움 가운데서도 통합학급을 스스로 맡으려는 그런 선생님은 어디 있을까? 나도 그런 선생님이 되려고 애써야겠다.

선생님 집에 간 날

반 아이들 모두 민기한테 함부로 하거나 무관심하지는 않지만, 그 가운데 특히 민기를 가까이하려고 하고 도와주는 고마운 친구들이 있다. 아무래도 이 아이들만은 따로 칭찬해 주고 특별대우를 해 주어야 할 것 같았다. 혹시 오해가 있을지 모르니 다른 친구들한테는 말하지 말라고 하고 도우미 친구들 3명과 민기, 이렇게 네 명의 아이들을 토요일에 우리 집에 초대하기로 했다. 아이들은 배가 고파 집에 들어서자마자 우리 가족과 인사를 하고 준비된 음식을 먹었다. 김밥, 피자, 케이크를 준비했다. 민기는 친구들과 점잖게 앉아 김밥을 먼저 먹고 그다음에 피자를 먹었다. 피자 두 조각을 주었는데 금방 먹었다. 그러고는 남은 피자에 또 눈이 간다. 음식 투정을 부리지 않고 너무 맛있게 잘 먹기에 한 조각을 더 주었다. 우리 집 아이는 형들이 왔다고 좋아하며 컴퓨터 게임도 하고 민기와 침대에서 레슬링도 하였다. 그렇게 몇 시간 놀고 난 뒤 다시 데려다 주었다. 민기도 좋아하고, 도우미 친구들도 선택받은 아이들이 된 것 같아 기쁜지 좋아하고, 나도 뿌듯한 마음이었다.

그런데 월요일 아침에 민기가 왔는데 얼굴이 안 좋아 보였다. 점심시간에 급식도 잘 안 먹고……. 오후에 민기 어머님이 수업 도우미로 오셨는데 아이가 주말 동안 설사를 하고 속이 안 좋아 끙끙거렸다고 하신다. 아이쿠! 내가 김밥과 피자를 너무 많이 먹게 한 것이다. 민기는 장이 좋지 않아 많이 먹으면 안 되어서 어머니께서 식사량 조절을 해 주신다고 한다. 몰랐다. 내가 좀 더 신경 쓰고 자세히 여쭈어 봤어야 했는데 또 실수를 한 것이다. 나는 단지 실수를 한 것이지만, 내 실수 때문에 민기는 얼굴색까지 아파 보였다. 아! 잘 안 된다. 다음에는 더 많이 알고 준비해서 실수하지 말아야겠다.

민기야, 미안하다.

촌지

스승의 날이다. 학교에서 방송업무를 맡고 있어서 행사 준비를 하느라 바빴다. 행사를 마치고 방송반 애들을 다 보낸 뒤 정리하고 교실로 가려는데 방송실 앞에 민기 어머니가 계신다. 상담하시려면 교실에서 기다리시면 되는데 왜 2층 방송실까지 오셨냐고 하니 나에게 하실 말씀이 있다고 하신다. 그래서 방송실로 들어오시라고 하니 "민기한테 잘해 주셔서 고맙습니다."라고 하시면서 백화점 상품권을 꺼내신다. "이게 뭡니까?" 하니 "민기를 맡아 주셔서 너무 고마운 생각에 드리는 것이고 다른 뜻은 없으니 그냥 받아 주셨으면 합니다."라고 하시는 것이었다. 그러고는 그래야 어머님 마음도 편하다고 하신다. 나는 민기를 맡아 가르치는 것은 내가 당연히 해야 할 일을 하는 것이고, 민기도 당연히 누려야 할 권리를 누리는 것이라고 말씀드렸다. 그러니 앞으로도 이런 거 가져오시지 않으셔도 되고 당당해도 된다고 말씀드렸다. 민기 어머니는 "그런 거 다 알지만 그래도 너무 고맙고, 민기 아버지도 갖다 드리라고 해서 이렇게 드리는 것이니 받아 주세요."라고 하셨다. 나는 마음만 받겠다고 하고 끝끝내 받지 않았다. 서로 씨름하다가 구겨진 상품권! 어머님은 그것을 가방에 넣고 조금 섭섭한 모습으로 돌아가셨다. 어머니께서 저렇게까지 나오시는데 그냥 받을 걸 그랬나 싶은 생각이 들었다. 어깨가 처져서 가시는 모습을 보니 마음이 불편했다. 하지만 나는 받지 않는 것이 민기 어머니와 민기를 위해서라도 더 낫다는 생각이 들었다. 지금은 서로 조금 불편하겠지만 뒷날에는 이 선택이 더 잘한 일이었다고 생각하게 될 것이라 믿는다.

수학여행에서 생긴 일 1

민기 어머니는 담임 선생님이나 반 아이들이 힘들까 봐 민기를 수학여행을 보내지 않으려고 하신다. 나는 숙소에 가면 조교 선생님들도 있고 애들도 잘 도와주니 걱정 마시고 보내 달라고 했다.

설악산 흔들바위에 올라가는 날, 민기가 잘 따라오지 않는다. 더군다나 입구에서 조금 더 올라가다가 엿을 파시는 할머니를 보고는 더 이상 가지 않는 것이었다. 맛있어 보이는 호박엿이 민기 발을 묶었다. 나보다 덩치 좋은 민기를 내가 이길 수 없었다. 조교 선생님께 우리 반 애들을 인솔해 달라고 부탁하고 조금 있다가 뒤따라가겠다고 했다. 그런데 엿을 사서 손에 쥐어 주어도 위로 올라가는 것은 도저히 진도가 나가지 않아 다시 아래로 천천히 내려왔다. 화장실 근처에서 민기한테 쉬하러 가자고 했다. 민기를 먼저 쉬하게 하고 나도 볼

일을 봐야 했다. 전국에서 몰려온 초·중·고 학생들 때문에 화장실은 입구부터 정신이 없었다. 민기에게 "민기야, 선생님도 금방 볼일 보고 나갈 테니 화장실 문 앞에 있어." 하고 볼일을 봤다. 그런데 화장실 앞에 나오니 민기가 보이지 않는 것이다. 내가 오래 있었던 것도 아닌데, 진짜 짧은 시간이 지났을 뿐인데 아이가 없는 것이다. 나는 갑자기 심장이 뛰고 얼굴이 달아올랐다. 아무런 생각도 나지 않았다. 아이들은 점점 더 많아져서 그 넓은 설악산 입구 광장을 뒤덮었다. 아무리 눈을 크게 뜨고 봐도 민기는 보이지 않았다. 나는 흔들바위로 올라간 학년 선생님께 전화를 했다. 민기가 보이지 않으니 선생님들이 나눠서 우리 반을 잘 데리고 내려와 달라고 부탁드리고, 올라가 있는 조교 선생님을 빨리 내려보내 달라고 했다. 그리고 설악산 출입구에 전화해서 장애학생이 밖으로 나가지 않도록 꼭 봐 달라고, 연락 좀 해 달라고 부탁했다. 다시금 눈을 또렷이 뜨고 보니 저 멀리 기념품 가게들이 보이는데, 그 앞에 다른 아이들보다 반 박자 정도 느리게 천천히 걸어가는 아이가 눈에 띄었다. 바로 민기였다. 나는 이산가족 상봉한 듯 "민기야!" 하고 소리치며 달려갔다. 그런데 민기는 아무 일 없었다는 듯 나를 보는 것이 아닌가? 시간이 흐르면서 놀란 마음이 가라앉자, 아침에 숙소에서 나올 때 민기 어머님이 만들어 주신 엄마, 학교, 선생님 연락처가 쓰여 있는 목걸이 이름표를 가지고 나오지 않았다는 것을 알게 되었다. 내 작은 잘못이 하마터면 큰 불행이 될 뻔한 것이다.

저녁에 민기 어머니께 죄송하다며 오늘 있었던 일을 말씀드렸고, 어머니께서는 민기가 겁이 많아서 멀리 가지는 못하는 아이라고 하신다. 숙소에 와서 듬직하게 앉아 있는 민기를 보니 얼마나 다행스러운지……. 아이들과 함께 지내는 것이 놀이동산 열차를 타는 것과 같다고 하는데, 오늘 나는 그 열차를 타고 가장 높은 곳에서 빠르게 떨어지는 경험을 했다. 휴우!

수학여행에서 생긴 일 2

아이들한테든 선생님한테든 수학여행은 재미있지만 힘들기도 하다. 하루 종일 버스 타고 견학하고 숙소에 왔다. 저녁을 먹은 뒤 모둠별로 정해진 방으로 들어갔다. 아이들은 비누, 샴푸, 속옷까지 집에서 챙겨 주신 것을 꺼내 씻고 난리다. 남자애들은 5학년쯤 되면 창피하다고 화장실 문을 잠그고 샤워하고 옷을 갈아입는다. 민기도 땀이 나서 씻어야 하는데 아이들과 같이 씻기에는 어려움이 있다. 이럴 때 민기도 남자, 담임인 나도 남자인 것이 다행스럽다. 민기 어머니께서 준비해 주신 속옷을 가지고 화장실로 데리고 들어갔다. 둘이 옷을 다 벗고 샴푸로 머리를 감기고 몸에 비누칠을 하고 깨끗이 씻겼다. 이렇게 살을 맞대고 씻는데 마음이 그렇게 편하고 행복할 수가 없다. 민기는 나를 똑바로 쳐다보지 않고 혼잣말을 하고 있지만 그래도 내가 자기를 좋아하는 것을 알 거다.

장애아이를 가르치는 교사든 일반아이를 가르치는 교사든 교육을 위해 더 큰 할 일이 있다고 하면서 더 많이 공부하고 더 많은 업무를 처리하며 이 자리를 떠나는 사람이 많다. 하지만 나는 다르다. 힘들고 작아 보여도 아이들 눈 바라보며 아이들 냄새 맡으며 지내는 이 자리 말고는 더 큰 자리, 더 큰 할 일이 나한테는 없다. 지금 받은 밥상도 너무 크고 소중한데 거기에 반찬 하나 더 얹어서 뭐하겠는가? 내 귀에 들리는 말은 없지만 민기는 나에게 내 마음에 쩌렁쩌렁 울리는 큰 말을 해 주고 있는 것 같다.

깨끗이 닦고 옷 갈아입고 머리 빗고 나니 갑자기 민기한테 빛이 나는 것 같았다. 까만 밤 어디로 갈지 모를 때, 어디가 참된 곳인지 모를 때 갈 곳을 비춰 주는 등대같이 밝고 깨끗한 민기 빛!

수학여행에서 생긴 일 3

이상하다. 하루 종일 버스 타고 걷고 해서 힘들 텐데 밤이 늦었는데도 민기가 자질 않는다. 다른 애들은 벌써 꿈나라로 갔는데 바깥의 가로등 불빛이 흐리게 들어오는 방에 혼자 양반 자세로 앉아 있는 것이 아닌가. 내가 가서 손을 잡고 눕게 하니 옆으로 눕기에 나도 같이 누웠다. "민기 왜 안 자냐? 어서 자야 내일 또 견학 다니지. 어서 자자." 하고 말하자, 뜬금없이 "신데렐라는, 신데렐라는, 여우가 있어요." 하며 말한다. 반 친구들이 잠자는 밤인 걸 아는지 작게 말한다. 내가 알고 있는 동요와 만화영화 주제가들을 민기 가슴을 토닥이며 불러 주었다. 살짝 잠드는 것 같더니 다시금 눈을 뜬다. 그런데 자장가 노래를 불러 주다 보니 내가 잠이 와서 버틸 수가 없었다. 그렇게 불러 주다가 내가 그만 잠이 들어 버렸나 보다. 깨어 보니 새벽쯤 되었는데 민기는 잠을 자고 있었다. 이거 아무래도 민기가 나를 재워 준 것 같다. 뿔룩 올라온 배 위로 이불을 덮어 주고 나왔다. 민기와 자고 나니 일찍 깨서 몸은 좀 졸리지만 마음은 참 편안하다. 숙소 밖으로 나오니 새벽 공기가 너무 상쾌하였다. 이 편안함의 까닭은 도대체 무엇일까?

스케이트장

5학년 전체 학생이 실내 스케이트장을 가게 되었다. 점심은 개인별로 준비하고 옷을 따뜻하게 입고 오라고 했다. 두꺼운 장갑은 필수. 스케이트장에서 지켜야 할 주의 사항을 지도강사께 듣고 스케이트를 신고 기초를 배운 뒤 타기 시작했다. 민기도 친구들이 잡아 주니 조심조심 탈 수 있게 되었다. 도우미 아이들이 몇 바퀴 같이 타더니 자기들끼리 씽씽 달리며 놀고 싶은지 한두 명씩 민기 곁을 떠났다. 마침내 나 혼자 남아 민기 손을 잡고 타는데, 갑자기 민기가 휘청거리더니 뒤로 넘어지려고 하는 것이 아닌가. 안전모를 썼지만 운동신경이 민첩한 편이 아니어서 그대로 넘어지면 큰일 날 것만 같았다. 나는 얼떨결에 뒤로 와서 받치게 되었는데 둘 다 스케이트를 신었고 바닥은 미끄러운 얼음판이라 넘어지게 되었다. 민기가 뒤로 미끄러지면서 나도 같이 넘어졌는데, 민기 머리가 내 몸 위로 떨어져 다행히 괜찮았다. 그런데 민기 몸이 뒤로 넘어질 때 손바닥으로 받치다가 왼손 엄지손가락이 뒤로 젖혀졌다. 괜찮지 싶었는데 학교에 오니 퉁퉁 부은 것도 같고 아파서 한의원에 갔다. 연수실로 돌아오니 같은 학년 선생님들이 걱정을 많이 해 주셨다. 쌀쌀한 날씨에 부은 손을 쳐다보고 있는데…… 그래도 마음 한쪽에서 까닭 모를 따뜻함이 살며시 솟아났다.

작은 선물

겨울 방학이 얼마 안 남았다. 민기와 지내는 날이 얼마 남지 않은 것이다. 민기한테 작은 선물을 주고 싶었다. 무엇으로 할까 하다가 장갑으로 정했다. 민기가 집에 갈 때 장갑을 끼는 것을 보니 다섯 손가락이 제자리를 찾아가는 것에 어려움이 있었다. 그래서 폭신한 벙어리장갑으로, 장갑은 잃어버리기 쉬우니 장갑 두 짝이 서로 연결되어서 목에 걸 수 있는 것으로 정했다. 그래야 민기가 다른 사람 도움 없이도 혼자 장갑을 낄 수 있고, 또 목에 걸려 있으니 잘 잃어버리지 않을 것이다. 민기를 만나서 좋았고 앞으로 부모님께 효도하는 훌륭한 사람이 되라는 카드도 상자에 함께 넣었다. 민기 때문에 교사라는 직업에 대해 더 많이 생각해 보고 다짐하는 시간을 갖게 되었다. 나도 누군가한테 도움을 줄 수 있는 존재이고 내 작은 도움이 아이들이 자라 가는 데 밑거름이 될 수 있다는 생각을 하니 이 길이 귀하다는 생각이 든다. 스스로를 채찍질하며 한눈팔지 말고, 다른 사람 밥그릇 쳐다보지 말고, 조금 늦더라도 뚝심 있게 나한테 주어진 이 길을 꾸준히 가리라 다짐해 본다.

생각해 봐요

장애학생과 일반학생

들어가며

집 가까운 곳에 있는 산을 가 보면 서로 다른 모습을 하고 있는 나무, 꽃, 길, 돌을 보게 된다. 하나하나 다른 모습들이 함께 어울려 있는 것이 보기 좋아서 산을 자주 찾게 된다. 누구 하나 같은 모습이 없는 교실의 아이들을 보면 신기할 때가 있다. 산을 보나 아이들을 보나 우리는 서로 다르다는 것을 받아들이고, 자기 색깔을 가지고 같이 모여 멋있는 그림을 만들어 가야 한다고 생각한다.

어떻게 하면 장애학생과 일반학생이 함께 웃으며 지낼 수 있는 통합학급을 가꿀 수 있을지 알아보려 한다.

통합교육, 꼭 해야만 하는 것인가

모두 웃을 수 있는 통합학급을 가꾸기 위해서는 먼저 통합교육은 꼭 해야만 하는 것인지 생각해 보아야 한다. 서로 다름을 받아들이고 값있게 여겨 주는 사회, 같이 도와 가며 공동체를 만들어 가는 사회, 장애가 있든지 없든지 자기의 뜻을 펼칠 수 있는 사회, 이렇게 특수교육이나 일반교육의 목적이 교육이라는 큰 울타리에서 보면 다르지 않다.

대부분 사람들은 통합교육의 이상은 옳다고 생각한다. 그러면 왜 이런 의문을 갖게 되는 것일까? 현실의 어려움이 많기 때문이다. 즉, 일반학교가 장애학생들을 맞이하여 같이 공부할 수 있는 준비가 되어 있지 않기 때문이다. 이들이 마음껏 공부하며 지낼 수 있도록 되어 있지 않은 우리 학교들에 장애가 있는 것이다. 우리 사회가 문제를 안고 있다. 장애학생과 그 가족들한테만 짐을 지게 해서는 안 된다.

어설프게 차려진 밥상에 손님을 초대하는 것은 좋은 일이 아니며 손님들이 크게 만족할 수 없기 때문에 밥상을 차리지 않는 것이 더 낫다고 생각할 수 있다. 이처럼 제대로 된 통합교육을 위해 완벽하게 준비하고 친구를 맞이하는 것이 좋으며, 준비가 될 때까지 시작하면 안 된다고 생각할 수 있다.

그러나 우리가 알아야 할 것은 부족하지만 있는 그대로의 환경 속에서라도 앞으로 사회인으로 살아가기 위해 준비하는 장애학생들에게 통합교육을 해야 한다는 점이다. 밥상이 다 차려질 때까지 5년이고 10년이고 기다릴 시간이 없지 않은가? 노력해서 얻지 못한다면 다른 누구도 대신 차려 주지 않는다. 「장애인 등에 대한 특수교육법」 제정을 보아도 알 수 있다. 통합교육을 제대로 하기가 부족한 여건이지만 작은 것 하나라도 바꾸기 위해 애쓰는 자세를 가져야 한다.

통합교육만이 장애학생을 위한 유일한 시스템이라고 생각할 수 없고, 여러 가지 지원체제가 있어야 하며, 이들 가운데 장애학생을 위해 가장 좋은 것을 선택해야 한다. 여기에서 말하는 통합교육은 특수학급이 있는 일반학교의 통합학급, 특수학급이 없는 일반학교의 통합학급을 말한다. 조금 늦더라도 모두 같이 가는 사회, 함께 어울려 지낼 수 있는 사회가 되어야 한다. 어렵지만 가야 하는 길이다.

통합학급 속의 장애학생

장애학생이 일반학급에 있으면 통합학급이 된다. 이 학생이 어떻게 하면 웃으며 지낼 수 있는지 생각해 보자.

2월 말부터 장애학생의 부모님은 밤잠을 이루지 못한다. 새로운 담임 선생님이 누구일지 궁금하고, 어떻게 인사를 하고 아이에 대해 이야기할지 고민한다. 또한 선생님께 마치 큰 짐을 지워 드리는 것처럼 죄송하기도 하고, 우리 아이한테 잘해 주실지, 아이가 천덕꾸러기나 되지 않을지, 담임 선생님과 일반학생들의 무관심이나 따돌림으로 괴로워하지 않을지 걱정을 한다.

교과서 내용의 일부분이라도 배워야 하는데 학급 인원이 많은 교실에서 틈을 내어 배울 수 있을지도 의문이다. 학교에 도움반이 없어서 하루 종일 일반학급에서 지내야 할 때 보조해 주는 분이 없을 경우 장애학생의 학습의 양과 질이 떨어질 수 있다.

하지만 장애학생이 일반학급에서 지낼 경우 배울 점이 있다. 착하고 좋은 친구들이 있으면 같이 지내면서 좋은 행동을 따라 배울 수 있고, 친구들은 장애인을 바라보는 시각을 바르게 가질 수 있다. 사람은 서로 도와 가며 살아야 한다는 좋은 가치관을 그들의 마음에 심어 줄 수 있다.

통합학급에서 장애아이가 행복하게 지낼 수 있도록 하기 위해서 어떻게 해야 할까? 우선 장애를 가지고 있는 친구를 있는 그대로 볼 수 있는 열린 분위기가 필요하다. 그 분위기로 유도하기 위해 학기가 시작되는 첫날과 학부모총회 날에 학생들과 부모님들을 위한 특별한 오리엔테이션을 준비한다. 학생들에게는 특별한 친구와 함께 지내게 된 경험이 얼마나 그들의 미래에 도움을 주는지 예를 들어 설명해 주고, 부모님들께도 요즘 저출산으로 인해 배려와 양보를 잃어 가는 학생들에게 오히려 사회에 훌륭하게 적응할 수 있는 능력을 길러 줄 것이라는 기대를 갖게 한다.

특별한 도움이 필요한 것이 아니라면 장애학생도 일반학생들과 똑같이 하도록 알려 준다. 일반학생들이 은연중 던지는 동정 섞인 과잉친절이 장애학생들한테 오히려 상처가 될 수 있음을 주의시킨다.

짝을 정할 때 도움반 친구와 같이 앉기를 원하는 학생을 짝지어 준다. 여러 학생이 이런 기회를 가질 수 있도록 최소한 한 달에 한 번씩은 짝을 바꾸어 주도록 한다. 만약 짝이 된 학생이 계속 짝으로 있기를 원한다 할지라도 '착한 학생'이 되고 싶은 마음에 어려움을 무릅쓰고 있는 것은 아닌지 잘 살펴본 뒤 결정해야 한다. 일반학생들이 장애학생을 또래보다 어리게 대하지 않도록 해야 하며, 잘못했을 때 안 된다고 단호하게 말해 줄 수 있도록 지도해 주어야 한다.

운동회나 학예회 종목을 정할 때 장애학생과 일반학생 모두가 즐거울 수 있도록 쉽고 재미있으며 멋있어 보이는 단체 경기를 찾아야 한다. 개인 달리기를 끝까지 잘 하도록 격려해 주어야 하며, 크게 어렵지 않은 동작으로 할 수 있는 무용을 알아보아야 한다. 관심을 가지면 현재 상태에서도 배려해 줄 수 있는 부분은 얼마든지 있다.

점심시간에 혼자 있지 않도록 요일별로 친구들을 정해 주고 같이 놀 수 있게 한다. 각 교과 해당 차시에 맞는 학습지를 만들어 담임 선생님과 같이 공부할 수 있는 시간을 짧게라도 갖도록 한다. 교과서 그림 자료를 설명해 주거나 관계있는 그림을 색칠하고 내용을 짧게 써 보는 것도 좋다. 도움반이 없는 학교에 다니는 장애학생일 경우 실무원 선생님을 붙여 주는 것이 좋다. 그럴 수 없는 경우 자신의 과제를 다 끝낸 일반학생에게 도움을 요청할 수도 있다. 급식무료 지원 이외에도 예산을 세워 장애학생이 직접 도움을 받을 수 있도록 교통비, 학용품 구입비, 행사 참가비를 더욱 많이 지원해 주어야 한다.

특히 특수학급의 빵 만들기, 고구마 캐기, 스키장 가기 등 현장체험 활동 시 통합학급의 도우미 학생들을 함께 참가시키는 방법 등은 고려할 만하다. 어려운 일만 함께하는 것이 아니라 학생들이 즐거워하는 행사에도 함께 참여한다면 일반학생들과 장애학생 간의 유대관계를 더욱 강화할 수 있다.

통합학급 속의 일반학생들

통합학급에서는 일반학생들도 더욱 학습권을 존중받고 웃으며 지낼 수 있어야 하고, 도움반 친구와 담임 선생님의 어려움 때문에 소홀하게 여겨져서는 안 된다. 통합학급에서 일반학생들은 관심과 지원에 따라 잃는 것이 많을 수도 있고 얻는 것이 많을 수도 있다. 이 학생이 통합학급 속에서 어떻게 하면 더 잘 지낼 수 있을까?

일반학생들에게는 장애학생과 한 교실에서 생활하면서 우리가 함께해야 할 친구가 있다는 것을 알게 해야 한다. 또한 도움반 친구나 다른 장애영역에 관해 쉽게 알 수 있도록 가르쳐야 한다. 장애에 대한 이해를 돕는 사이트를 통해서 좋은 자료를 찾을 수 있다. 또한 수업 시간에 도움반 친구의 갑작스러운 행동이나 산만한 행동으로 인해 공부하는 집중력이 떨어질 수도 있으나, 이것은 장애학생의 특징이며 크게 동요될 필요가 없다는 것을 미리 알려 준다면 그 충격을 줄여 줄 수 있다.

도움반이 없는 일반학교에서 발달장애 학생을 담임하면서 어려움도 있었지만, 반 아이들을 통해서 배운 것이 많다. 학급에서 생활지도의 문제가 많은 학생한테 도움반 친구를 잘 도와주라고 짝을 지어 주니 함부로 대하지 않고 잘해 주었다. 그 학생의 생활 태도에도 약간의 변화가 있었다. 도움반 친구 때문에 공부에 방해가 될 때도 있고 선생님의 관심을 덜 받게 되기도 하며 학급 분위기가 산만해질 때도 있지만 계속 그런 것은 아니다. 아이들이 오히려 도움반 친구뿐만 아니라 교사도 배려해 주고, 자신이 더 잘할 수 있는 조건을 갖추고 있다는 것을 깨닫고 알아서 열심히 생활하는 모습을 보일 때가 더 많다. 한마디로 자신도 모르는 사이, 불만이 가득했던 마음이 감사한 마음으로 변해 가는 것이다.

담임 선생님이 장애학생한테 해 주는 것보다 반 학생들이 더 잘해 주고 자기들도 바르게 생활하려고 노력한다. 수업 시간에 장애학생을 가르칠 때는 일반학생들에게도 일정한 양의 과제를 주고 "우리 같이 열심히 하자.", "여러분이 도와주지 않으면 다 같이 힘이 드니 잘해 보자."라며 격려해 주니 아이들이 잘 하려고 노력하는 모습이 보인다.

이상한 것은 담임이 수업 시간에 장애학생과 10분 정도 학습지로 공부할 때 아이들이 하라는 것은 하지 않고 떠들고 있을 것만 같은데, 나와 장애학생 둘이 공부하는 모습을 보며 아이들이 씨익 웃더니 자기들도 열심히 하는 것이었다. 행복한 시간이었다. 일반학생들에게 장애학생을 가르칠 수 있는 기회를 주니 또래 언어를 사용하여 어려운 것을 담임보다 더 쉽게 설명한다.

수학여행이나 수련활동 때 친구들이 도움반 친구와 함께하는 것을 보면 정말 감동을 받는다. 담임 선생님이 많은 관심을 가지고 아껴주면 일반학생들도 샘내지 않고 잘해 주려고 노력하는 모습이 보인다. 일반학생들이 장애학생과 같이 공부하며 생활할 때 어려운 점이 있지만 분명히 좋은 점들도 많이 있다. 도움반 친구의 순수한 마음을 느낄 것이며 나도 누군가를 도울 수 있다고 생각하게 하는 경험을 얻게 되고, 어른이 되어서도 이웃을 도우며 살아야겠다는 마음을 갖게 될 것이다.

나가며

철학은 영원한 질문의 학문이라 한다. 통합교육은 영원한 어려움의 학문인 것 같다. 통합교육이란 흐름이 한때 반짝 빛을 내었다가 현실의 벽에 부딪치거나 큰 효과를 나타내지 못해서 사라져 버리지는 않을지, 장애학생들을 위한 최고의 교육은 특수학교로 가는 것이라고 주장하고 다시 그렇게 되지는 않을지 염려스럽다.

'왜 우리가 가르쳐야 하는가?', '하필이면 내가 해야 하는가?'라고 생각할 수 있다. 통합학급을 맡는다는 것은 이 시대 최고의 가치를 위해 애쓰는 것이라며 자기 위로를 하지만, 보람을 느끼는 것보다 그리고 힘들다는 것보다 더 앞서는 것은 미안하다는 마음이다. 장애학생에게는 뭘 많이 해 줄 수 없어 미안하고, 일반학생들에게는 더 효과적으로 가르쳐야 하는데 그렇게 하지 못해서 미안하다.

통합교육 분야에 책과 논문, 전문가가 있다. 이들에게는 좋은 내용이 많다. 그대로만 하면 통합교육의 꿈은 완벽하게 이루어질 수 있을 것 같고 유토피아가 건설될 것 같다. 하지만 책에 한 줄 쓰인 것과 전문가한테서 나온 그 한마디를 현장에 있는 통합학급에서 실천할 때 정말 힘이 들고 어려운 점이 많다. 누구나 말은 할 수 있다. 하지만 중요한 것은 현장에서 실천하는 것이다. 모두가 웃을 수 있는 통합학급을 가꾸기 위해 오늘도 현장에서 애쓰는 분들이 많이 나와야 한다.

교육 현장은 때론 전쟁터와 같다. 아름다운 이상세계를 이루기 위해 이 시대 가장 모순된 것들에 대항하여 싸우는 전장이다. 그런데 이곳에 병사가 없다. 총알이 부족하다. 지휘관의 자리도 중요하긴 하지만, 요즘은 너도나도 지휘관이 되려고만 한다. 그나마 병사 자리에 있는 사람도 지휘관이 되기 위해서 거쳐 가는 자리라 생각하며 버틴다. 이 전장의 최전선에 뼈를 묻겠다고 다짐하며 지키는 병사가 없다.

영화 〈미션〉에서 그 험한 폭포를 짐을 지고 거슬러 올라가는 멘도자 신부처럼 통합학급이라는 짐을 지고 나아가려는 자세가 필요하다. "어둠을 탓하기 전에 한 개의 촛불을 켜서 밝혀라."라는 말처럼, 통합학급을 잘 운영하기 위해 해결해야 할 문제들이 많지만 작은 것 하나부터 실천해 나가야 한다. 장애아이의 어려움과 가족들의 수고를 덜어 주고자 힘써야 한다. 이렇게 된다면 얼마나 살맛 나는 세상이 될까? 통합학급을 잘 가꾸어 가면서 우리는 이 꿈을 이룰 수 있다.

미안한 마음

6교시 체육 끝나고 들어오다 만난
수영장 가려고 뛰어나오는
민기와 민기 엄마
작년 가르쳤던 발달장애아이

요즘 선생님 생각 많이 나요
민기야 이 분 누구야
작은 목소리 또박또박

이 진 선 생 님

야아 우리 민기 안 잊었구나!
배치기하고 목 꽉 껴안았다

죄지은 마음
미안한 마음
민기와 민기엄마 가는 길에
뒤따라간다

자꾸자꾸 미안하다

자취집 할머니

교대 다닐 때
춘천 석사동 스무숲
자취방 주인 할머니

같이 지내는 친구가
교통사고로 입원했을 때
할머니 병원으로
찾아오셨다

파란색 앞이 막힌 슬리퍼
흙 묻은 고동색 몸빼 바지
그런데 입모양이 이상해서
왜 그러시냐 했더니
소식을 듣고 너무 놀라
틀니 하는 것도 까먹고
그냥 오셨다고 하신다

버스 타는 데까지
한참 걸어 나와야 하는데
걸어도 제자리 걸어도 제자리
암만 걸어도 제자리인 것 같았다고 하신다

그날 할머니 때문에
감격한 날이었다
이십 년 전 있던 일인데
그날 일 오늘 같다

순수한건 영원하다

이야기 둘

담임 정하기

학년 부장은 학교의 중간 관리자라고 한다. 학년 업무를 협의할 때 좀 더 뚜렷한 의견을 말할 수 있는 자리이기도 하다. 그런 자리에 내가 있게 되었다. 협의할 사항 중 하나는 통합학급 담임 배정이었다. 올해 우리 학년 일곱 개 반 가운데 장애아이는 세 명이다. 통합학급이 세 개 반 있다는 것인데 그 담임을 어떻게 정하면 좋을까? 학교마다 통합학급 담임을 정하는 기준이 있기는 하지만, 그 기준에 모두 적합하지 않을 때는 어떻게 해야 할까? 특수교사 자격증이 있거나 60시간 연수를 받은 선생님들 가운데 몇 년 동안 계속 맡아서 올해만은 꼭 맡고 싶지 않다고 하거나 올해 맡은 학교 업무가 너무 많아서 통합학급까지 맡기에는 너무 힘드니 빼 달라는 분이 계시면 어떻게 할까? 누구나 사정은 있는데 그것을 다 봐주다가는 정하기 어려우니 규정대로 무조건 밀어붙이기만 하면 될까? 아니면 비공식적으로 제비뽑기를 해서 정하는 것이 가장 공평한 것일까? 그것도 아니면 학년부장 권한으로 (그런 권한이란 것이 공식적으로 있을 수도 없겠지만) "선생님이 젊고 유능하시니 맡아 주세요." 하고 명령하듯 맡기면 될까? 서로 맡고 싶어서 하는 제비뽑기와 서로 맡기 싫어서 하는 제비뽑기, 그 엄청난 차이를 어떻게 해결할까? 우리 집 귀한 자녀가 장애가 있다는 이유 때문에, 다른 사람들을 힘들게 하는 문제행동 때문에, 통합학급에 대한 작은 구조적 지원도 없이 맡으라고만 하는 이유 때문에, 서로 맡기를 꺼려서 제비뽑기로 반에 배정된다는 것을 아시면 그 마음이 어떨까? 학년 부장으로서 이것은 큰 고민거리였다. 모두가 웃을 수 있는 좋은 해결 방법이 없을까?

장애아이 세 명 중 두 명은 많이 힘들지 않아서 실무원 선생님도 들어오시지 않고, 나머지 한 명은 실무원 선생님이 하루에 두 시간씩 통합학급에 들어오신다. 새로운 같은 학년 선생님들 가운데 몇 년 동안 통합학급을 맡으셨던 분이 계셔서 올해도 맡으시겠냐고 여쭤 보니 올해만큼은 맡고 싶지 않다고 하신다. 여러 해 동안 했으니 올해는 꼭 좀 빼 달라고 하신다. 충분히 이해가 되었다. 선생님 일곱 분이 모였을 때 다시 말씀드려서 한 분은 뺐다. 그리고 통합학급 담임을 정할 때 제비뽑기를 하는 것은 좋은 방법이 아닌 것 같으니 먼저 희망하시는 분이 계셨으면 좋겠다고 했다. 학년 업무를 정하기에 앞서 통합학급 담임을 먼저 정하자고 했다. 우선 실무원 선생님이 교실에 들어오시는 것에 대해 부담을 가지고 계시기 때문에 학년 부장인 내가 경미를 맡겠다고 했다. 학년에서 선생님들이 힘들어하는 일을 정할 때 서로 눈치만 보고 선뜻 나서는 사람이 없으면 그런 일은 학년 부장이 해야 된다고 생각했다. 부장은 그런 거 하라고 부장을 하는 것이리라. 한 명 정해서 이제 두 명 남았을 때, 통합학급을 맡으면 학년 업무를 많이 줄여 주자고 했다. 통합학급을 맡는다고 해서 승진에 필요한 인센티브만 던져 주었지 학교에서는 학교 업무를 줄여 주는 일도 없으므로 학년에서만이라도 업무를 줄여 주자는 것이었다. 모두 찬성을 하고 희망자를 받는데, 없다. 긴 침묵의 시간. 아! 통합학급을 맡는다는 것이 이렇게 힘든 일인 것이구나. 학년 업무를 아무리 줄여도 선뜻 나서지 않을 만큼……. 할 수 없이 종이를 잘라 반을 쓰고 접었다. '통합'이 쓰여 있는 반을 집으면 담임을 맡게 되는 것이다. 이렇게 해서라도 맡게 되면 이미 협의한 대로 학년 업무를 줄여 주자고 했다. 이렇게 우여곡절 끝에 담임 배정이 끝났다.

차라리 강제로 부장들이 다 맡도록 하는 것이 더 나았을까? 업무량이 많은 부장 반에 장애학생을 배정하는 것은 올바른 일일까? 나름대로 공평하게 정한 통합학급 담임이지만 무엇인가 마음 깊은 곳에서 울려왔다. 그것이 무슨 소리였을까? 오늘 모인 선생님들 가운데 나한테만 울려오는 소리였을까?

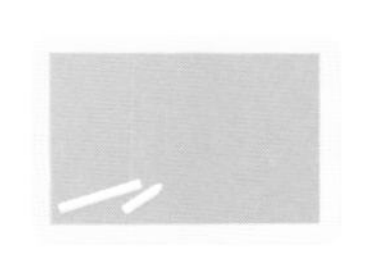

임원 선거

학급 임원을 뽑는 날이다. 학급 임원이 되었다고 해서 부모님께 부담을 드리는 일도 없고 임원 스스로도 많이 힘들지 않을 것이라고 아이들에게 알려 주었다. 좋은 경험이 될 수 있다고 긍정적인 말도 덧붙였다. 반장 후보자들이 나왔다.

"저를 반장으로 뽑아 주신다면 우리 반을 위해……."

짧지만 나름대로 열심히 소견 발표를 하였다. 투표용지를 나눠 주고 다른 사람이 보지 못하도록 손으로 잘 가리면서 자기가 뽑을 사람 이름을 또박또박 쓰도록 했다.

경미한테는 어떻게 해야 할까? 고민을 하다가 좋은 생각이 떠올랐다. 다른 친구들이 투표용지에 후보 이름을 쓰는 동안 후보자들을 경미 곁으로 모이게 했다. 그리고 경미 앞으로 손바닥을 내밀게 했다.

공정하게 하기 위해 경미를 원의 중심에 두고 내민 손바닥의 거리를 같게 했다. 경미한테 "경미야, 누가 좋은지 한번 손바닥을 쳐 봐! 경미가 손바닥 치는 것 잘하니까 한번 쳐 봐!" 하고 다른 아이들은 못 듣도록 작게 말했다. 조금 이따가 경미가 한 후보 아이의 손바닥을 쳤다. 진짜 임원으로 뽑고 싶어서 친 것인지 아무 의미 없이 습관적으로 친 것인지가 중요한 것은 아닌 것 같다. 그 모습을 보고 후보 아이들이 따뜻하게 웃었다. 경미가 누구 손을 쳤는지 다른 아이들한테는 말하지 말라고 일러두었다. 경미한테도 비밀 선거의 원칙을 지켜 주고 싶었기 때문이다.

다음은 투표용지에 쓰기. 경미의 손을 잡고 경미가 손바닥을 친 후보의 이름을 같이 썼다. 그리고 규칙대로 두 번 접어서 투표함에 넣었다. 부반장을 뽑을 때도 같은 방법으로 했다. 지적장애 1급이라서 투표를 하기에는 어려움이 있을 것이라고 생각할 수 있지만, 관심을 가지고 작은 방법이라도 찾아보려는 마음이 있다면 더욱 괜찮은 방법들을 많이 찾을 수 있을 것이다.

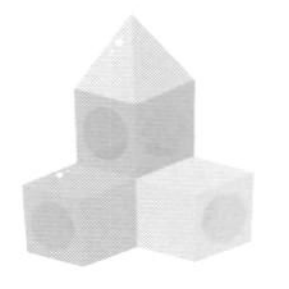

공개 수업

지역의 재개발 때문에 학생 수가 많이 줄어서 선생님 수도 반으로 줄었다. 업무량도 반으로 줄면 좋겠으나 그렇지 못해 선생님 한 분마다 맡은 업무량은 늘었다. 뒤늦게 학년 대표 공개 수업 담당을 뽑아야 했다. 그렇지 않아도 맡은 업무량이 지난해보다 많은데 수업까지 부담을 드리기는 죄송했다. 지금 학년 부장은 작년과 달리 학급 수가 적어져서 보통 말하는 '물부장'이다. 점수도 없고 수당도 없는…… 그래도 이럴 때일수록 나서서 해야 될 것 같아 대표 공개 수업을 내가 한다고 했다. 통합학급을 맡았으니 책임을 다하기 위해서라도 내가 하고 싶었다. 게을러지는 점이 많기에 스스로에게 채찍질을 하지 않는다면 누구도 대신 때려 주지 않을 것 같았다. 수업을 어떻게 해야 할지 걱정이 좀 되었지만, 프로 야구 선수는 홈런을 치든 삼진 아웃을 당하든 경기장에 나아가 관중들 앞에 서는 것을 두려워해서는 안 된다. 프로 축구 선수도 결정골을 넣든 자살골을 넣든 경기장에 서야 한다. 교사도 때로는 수업을 잘하든지 못하든지 떨지 말고 많은 교사들 앞에 당당하게 서야 한다. 비판을 자기 발전의 도구로 받아들일 줄도 알아야 한다. 왜냐하면 교사는 프로이기 때문이다.

사회과 수업을 준비했다. 시대별 우리나라의 수출품에 대해 조사하는 것인데 모둠별로 여러 가지 방법으로 준비하도록 했다. 방송, 역할극, 사진 들고 발표, 칠판에 붙이기, 사진 병풍 만들기…… 경미는 이때 어떻게 참여시켜야 할지 생각해 보았다. 경미가 장애아이라는 것을 두드러지게 나타내고 싶지 않았다. 그냥 우리 반의 한 구성원으로서 여느 다른 아이들과 같이 섞여서 공부도 하고 생활하는 모습을 보여 주는 것이 옳다고 생각했다. 장애를 장애로 인식하지 않도록 최대한의 지원이 있어야 한다. 경미네 모둠은 여러 가지 발표 방법 가운데 '사진 들고 발표하기'로 정했다. 모둠원 다섯 명이 나와서 수출품 사진을 들고 그 이름을 말하는 방법이다. 우선 경미가 드는 사진은 가장 깨끗한 것을 골랐다. 경미가 가장 먼저 발표를 한다. 경미가 말을 못하기에 사진을 들면 다른 모둠 친구들이 그 사진의 이름을 크게 말하는 것이다. 그런데 경미가 발표할 때는 다른 친구들이 크게 말하고 나머지 모둠원들이 발표할 때는 발표자 혼자 크게 말하면 이것도 경미를 튀게 할 것 같았다. 그래서 다른 친구들이 발표할 때도 모둠원이 다 같이 크게 읽게 했다. 다 같이 한 목소리로 읽으면 목소리가 커서 다른 친구들한테 잘 들려서 좋고 경미만 너무 두드러지지 않아서 더 나은 것 같았다. 또 그 모둠에는 말이 적고 목소리도 작은 아이가 있었는데 같이 읽어 주니 큰 도움이 되었다. 그래서 이것을 탐구학급 수업모형으로 정했다. 가설을 세우고 탐색 및 검증을 하는 시간이 있었다. 이때 경미 것은 두껍고 큰 종이에 요즘 인기 있는 수출품 여섯 가지의 사진을 붙이고 글씨를 크게 음영으로 뽑아서 붙여 따로 만들어 주었다. 실무원 선생님께 경미 손을 잡고 글씨를 색연필로 따라 쓰면서 반복해서 읽어 주시라고 부탁드렸다. 공개수업이 점심을 먹은 뒤인 5교시여서 그런지 경미가 조금 졸려 했지만 기특하게 잘 앉아서 같이 공부를 하는 시간이 되었다. 장애를 가지고 있다고 해서 더 특별하거나 톡톡 튀게 만드는 것이 아니라 그냥 일반 사람들처럼 보이고 느껴지는, 스스로도 그렇게 생각하고 지낼 수 있는 그런 세상이 되도록 지원해 주고 고쳐 나가는 모습이 가장 바람직하다고 생각한다.

경미의 눈물

요즘 경미는 잘 운다. 학교에 오면 엄마 생각이 나는지, 내가 잘해 주지 못해서 속상해서 그런지, 어디가 많이 아파서 그런지 운다. 도움반 선생님은 별다른 까닭이 없는데 운다고 하신다. 선생님한테도 와서 울어 보라고, 같이 울자고 자꾸 시킨다고 한다.

연주는 공부 실력은 뛰어나지 않지만 친구들과 잘 지내는 성격은 아주 뛰어나다. 성격 좋고 마음 좋고. 연주는 너무 잘 지내서 이것을 어찌해야 될지 모를 정도로 경미와도 잘 지낸다. 수업 시간에 경미가 또 눈에 눈물이 보이기에 달래도 잘 안 되어서 연주한테 경미 좀 봐 달라고 했다. 1분단 앞에 있는 연주가 옆으로 나와 경미와 같이 마룻바닥에 앉았다. 연주는 손바닥을 펴서 경미 가슴을 토닥토닥 살살 두드려 주면서 달래 주었다. 그런데 경미가 울음을 그치는 것 같다가 입을 삐죽삐죽하더니 더 눈물을 흘리기 시작했다. 연주가 가슴을 두드려 주니 뭔가 서러웠던 일들이 더 생각나서 눈물을 흘리게 되었을까? 좀 지나니까 언제 울었냐는 듯 환하게 웃는 경미. 이 세상에 이름 모를 꽃이 있는 것이지 이름 없는 꽃은 없는 것처럼, 이름 없는 눈물이 아니라 오로지 이름 모를 눈물만 있는 것이리라. 이름 모를 경미의 눈물, 그 이름 하나 알기 위해 애써야겠다.

운동회 연습

가을은 운동회의 계절이다. 학년에서 준비해야 할 것은 무용, 단체 경기, 장애물 경기다. 학년 부장을 맡고 있으니 같은 학년 선생님들과 협의할 때 의견 제시를 조금은 영향력 있게 할 수 있는 점도 있다. 경미는 어떻게 해야 할까? 우선 무용은 내가 곤봉 돌리기를 한다고 했다. 보통 두 가지 곡을 하는데, 처음 곡의 동작은 쉽고 두 번째 곡의 동작은 약간 어렵다. 그런데 수업에 피해를 주면서까지 연습을 하지 말라는 방침도 있어서 결국 처음 곡 하나만 준비했다. 교실에서 연습을 할 수 있도록 부분 동작과 연속 동작을 촬영해서 각 반으로 보내 주었다. 실무원 선생님이 계실 때는 실무원 선생님이 경미의 손을 잡고 TV를 보면서 따라 했고, 안 계실 때는 내가 잡고 했다. 운동회 날은 실무원 선생님께서 경미 뒤에서 경미 팔을 잡고 같이 해 주시면 경미가 잘할 것이다. 다른 아이들도 연습 동작이 쉬워서 금방 익힐 수 있어서 좋아하는 것 같았다. 장애학생을 생각하여 쉬운 무용 동작을 선택하기도 했지만 일반아이들한테도 좋은 것이 되었으니 모두한테 좋은 것이 되어 뿌듯했다. 단체 경기 역시 연습을 많이 안 해도 되고 누구나 안전하고 쉽게 할 수 있는 것으로 정했다. 청팀과 백팀으로 나누어 줄을 선 뒤에 긴 줄넘기를 바닥에 놓고 양쪽에 두 명이 잡고 뒤로 가면 아이들이 폴짝폴짝 넘어서 먼저 끝까지 가는 쪽이 이기는 경기다. 5학년 수준에는 활동량이 너무 적은 경기이기도 하겠으나 집중력, 협동심, 순발력이 있어야 하는 경기이고, 왕복 횟수를 늘리면 운동 효과도 있는 경기다. 경미도 친구들 손을 잡고 같이 넘기 때문에 어려움이 적은 경기여서 이것으로 하기로 학년에서 정했다. 장애물 경기는 매트, 허들, 후프, 이렇게 세 가지를 놓고 하기로 했다. 경미는 출발선과 장애물의 개수, 이 두 가지를 다 고려하기로 했다. 그것이 더 평등한 것이라 생각했다. 출발은 다른 아이들은 150m 전에서 하지만, 경미는 실무원 선생님과 같이 50m 전에서 달리고 장애물도 허들 하나만 하면 경미가 속한 모둠의 학생과 경주할 때 큰 차이가 나지 않을 것 같다. 운동회가 기대된다.

장애학생을 운동회에 더욱 의미 있게 참여시키는 방법을 찾는 것에 관심을 가지고 이것을 마음의 중심에 둔다면 작은 방법들이 새록새록 더욱 생각날 것이다. 이것은 다른 학교의 통합학급 선생님들도 하고 계실 것이다. 이런 방법들을 썼다고 해서 굉장한 자아 만족감을 주는 것은 아니지만 최소한 장애아이에 대한 미안한 마음이 조금 덜할 수 있겠다는 생각이 든다.

곰 세 마리

내가 경미한테 너무 큰 기대를 하고 있는 것일까?

경미는 노래를 좋아한다. 책 읽어 주는 것도 좋아하고, 어깨를 으쓱으쓱하는 것도 좋아하고, 내 손을 앞에 두고 자기가 바깥에서 내 손바닥을 치는 것도 좋아한다. 내가 주먹을 쥐면 그것을 펴려고 힘을 줄 때도 늘 웃는다. 경미한테 곰 세 마리 노래를 불러 주면 귀를 가까이 대고 들으려고 한다.

"아빠 곰은 뚱뚱해~ 엄마 곰은 날씬해~ 경미 곰은 너무 귀여워~ 으쓱으쓱 잘한다."

손뼉 치면서 이 노래를 자주 불러 준다. 그러다가 내가 욕심이 생겼다. 이 곡에 '이진 선생님'을 넣어서 불러 주는 것이다. 나 혼자 경미와 마주 보고 불러 주기도 하고, 때로는 우리 반 아이들 모두한테 같이 불러 주자고 해서 큰 소리로 '이진 선생님'을 넣어 노래를 불러 준다. 경미가 예쁘고 큰 눈을 동그랗게 뜨며 씨이익 웃는다. 하지만 경미는 아직까지 '이진 선생님'을 넣어서 말하지 않는다. 선생님 빼고 입술을 옆으로 길게 벌려서 '이' 하고 난 뒤 '진'만 하면 될 것 같은데…… 안타까운 마음이 자꾸자꾸 든다.

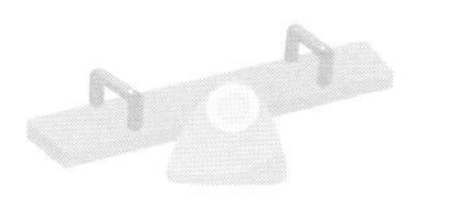

저절로 끌려요

아침에 경미는 실무원 선생님과 함께 교실에 와서 인사를 하고 자리에 앉는다. 그런데 조금 이따가는 경미 눈이 한곳만 쳐다본다. 우리 반 윤성이 자리다. 3월 첫날부터 윤성이에게 관심을 갖더니 자꾸 윤성이 책상 앞으로 가서 손바닥 치기 하자고 조른다. 다행히 윤성이는 성격이 부드럽고 남한테 배려를 잘해 주는 아이라 같이 손바닥도 쳐 주고 많이 싫어하지 않는다. 하지만 수업 시간에 경미가 윤성이에게 가서 윤성이가 책을 읽을 때 교과서를 만지거나 글씨 쓸 때 손바닥 치기를 자꾸 하자고 하면, 윤성이가 "안 돼, 하지 마." 하면서 같이 안 따라 해 준다. 내가 가서 경미를 자리에 앉도록 하면 윤성이 책상 앞에 털썩 주저앉아 꼼짝을 안 한다. 애들에게 물어보니 4학년 때도 관심이 가는 남자아이가 있어서 지금처럼 관심을 가지고 가까이 가

곤 했다고 한다. 남녀 사이에 끌리는 것은 자연스러운 일이다. 하지만 때와 장소에 대한 구별이 없이 이루어질 때는 어떻게 해야 할까? 실무원 선생님이 오셔서 경미와 같이 앉아서 선 그리기를 할 때도 경미가 나하고 있을 때보다 더 자유스럽게 다니지 못하는데, 그때도 경미는 색연필 잡은 손은 그냥 선생님 손에 맡기고 윤성이만 바라보고 있을 때가 많다. 경미의 눈은 아주 간절한 뭔가를 담고 있다. 말 없는 경미가 눈빛으로 모든 것을 말하고 있는 것 같다.

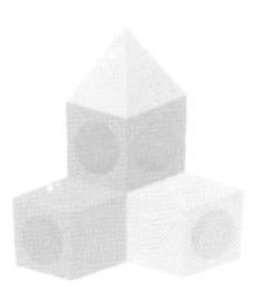

세 가지 환경

경미는 학교에 오면 세 가지 환경에서 지내게 된다. 담임 선생님과만 지내는 것, 담임 선생님과 실무원 선생님과 같이 지내는 것, 특수 선생님과 지내는 것이다.

이 세 가지 환경에서 생활할 때 경미한테 지속적이고 서로 연계성이 있는 프로그램이 있어야 할 것 같다. 그렇게 되기 위해서는 통합학급 담임 선생님과 특수 선생님 그리고 실무원 선생님이 자주 만나서 경미를 어떻게 가르쳐야 할지 의견을 나누는 시간이 많이 있어야 한다. 하지만 현실은 그렇지 못하다. 서로의 다른 환경에 대한 이해가 모자라서 공감대를 형성하지 못한다면 이것도 고민해 봐야 할 내용이다. 통합학급에서 담임 선생님 혼자 경미를 데리고 있을 때는 어떤 교재로 어느 수준에서 가르쳐야 하는지 의논을 해야 한다. 그리고 실무원 선생님이 통합학급에 들어오시면 어떻게 경미한테 지원을 해 주어야 하는지 그 할 일을 알려 드려야 한다. 또한 담임 선생님은 특수학급에서 경미가 무엇을 어떻게 배우는지도 알고 있어야 한다. 그러기 위해서는 특수학급에 직접 가서 경미가 공부하는 것을 보아야 하는데 교육과정 운영상 어려움이 있다. 수업을 촬영해서 서로서로 정보를 나눈다면 좀 더 체계적으로 가르칠 수 있지 않을까 생각해 본다. 수업을 찍는다는 것이 부담은 되겠지만.

책 읽어 주는 친구들

경미한테 그림책을 읽어 주면 어떻게 받아들이고 있는지 내가 경미가 되어서 한번 느껴 보고 싶다. 책의 줄거리나 등장인물들에 대해 마음으로 느끼고 있을까? 그런 것은 잘 모르겠지만, 중요한 것은 경미가 책을 읽어 주면 가만히 듣고 보고 한다는 것이다.

아이들한테 집에 있는 그림책 중 큰 것이 있으면 가져오라고 부탁했다. 경미 옆에 가서 돌아가면서 읽어 주면 좋은 경험이 될 것 같았다. 다음 날 아침이 되니 기특하게 한 명이 책을 가져왔다. 그것은 다름 아닌 윤성이다. 경미가 가장 관심 가지고 자꾸 가까이 가서 좀 불편할 텐데…… 그래도 윤성이가 가장 먼저 책을 가져왔다. 윤성이에게 초코파이 한 개를 주었다. 다른 아이들도 가져온다고 했다. 나는 우리 집 애들 어릴 때 자주 읽어 주어서 외우다시피하는 곰돌이 그림

책을 다시 가져왔다. 경미한테 읽어 주면 경미가 어떻게 반응할지 궁금하다. 그런데 너무 유아용인 그림책을 보고 다른 아이들이 자기들보다 한 살 많은 경미를 어린아이 취급할까 봐 그것이 조심스럽다.

가을 운동회

그동안 비가 많이 왔는데 운동회를 하는 오늘은 가을 햇살이 아주 뜨거운 하루였다. 5학년은 곤봉무용을 먼저 했고 단체 경기와 개인 달리기를 하게 되었다. 곤봉을 발표하기 위해 아이들 줄을 세우고 내가 지도교사여서 구령대 앞으로 갔다. 경미 실무원 선생님은 저학년 아이를 맡아야 해서 도움반 선생님이 같이 하기로 했다. 아이들이 입장을 해서 줄을 넓게 선 뒤 음악 'A Lover's Concerto'에 맞춰 경쾌하게 곤봉을 돌렸다. 나는 앞에 서서 경미를 보았다. 도움반 선생님이 뒤에 서서 경미 손을 잡고 동작을 따라 하셨다. 경미도 다른 친구들에게 뒤질세라 곤봉을 힘차게 돌렸다. 뒤에서 잡아 주는 사람 없이 혼자서도 저렇게 잘한다면 얼마나 좋을까 생각해 보았다. 멋진 무용 발표였다. 큰 박수 소리와 함께 잘 마치고 응원석으로 오니 도움반 선생님께서 말씀하셨다. 경미 어머니께서 오셨는데 단체 경기, 그리고 개인 달리기는 안 하면 어떻겠냐고 말씀하셨다고 한다. 참가의 의미는 알겠지만 단체 경기를 할 때 경미가 잘하지 못해서 다른 아이들한테 피해를 줄 수도 있을 것이고, 개인 달리기를 할 때 늦게 도착해서 괜히 실패감만 느끼게 할 수도 있다고 하셨다는 것이다. 그래서 무용했으니까 나머지는 뺐으면 하신다고 한다. 나는 단체 경기나 개인 달리기 모두 경미를 배려했기 때문에 같이 하는 것이 더 낫다고 했고, 그래도 어머니께서 안 시키겠다고 하신다면 어쩔 수 없이 빼겠다고 말씀드렸다. 마침 어머니께서 오셨기에 단체 경기는 긴 줄이 앞에서부터 밑으로 오면 살짝 넘기만 하면 되니까 손잡고 하면 전혀 어렵지 않다고 말씀드렸다. 개인 달리기도 장애물 경기인데 출발하면 허들을 한 번 넘고 달리다가 후프를 한 번 빠져나온 뒤 결승선까지 달리면 된다고도 했다. 경미가 있는 모둠 아이들에게 경미가 먼저 출발하는 것이 더 공평한 것이라고 알려 주었는데 아이들도 인정해 주었다.

경미는 긴 줄넘기를 넘는 단체 경기를 잘했다. 나는 개인 장애물 달리기 출발을 맡으신 선생님께 경미를 먼저 출발시키고 중간 정도 올 때쯤 다른 아이들을 출발시켜 달라고 한 뒤 후프를 놓은 곳으로 갔다. 경미 차례가 되자 경미가 도움반 선생님 손을 잡고 달렸다. 허들은 경기용으로 높은 것이 아니라 그것보다 아주 작은 것을 준비했다. 경미도 넘기가 아주 좋았고 다른 아이들한테도 좋았다. 늘 생각하는 것이지만 장애아이들에게 좋은 것은 일반아이들에게도 다 좋은 것이다. 경미가 후프 가까이 올 때쯤 나머지 아이들이 출발했다. 경미는 도움반 선생님 손을 잡고 후프를 빠져나온 뒤 다시 부지런히 빨리 걷기 시작했다. 결승선 근처쯤 갔을 때 다른 아이들이 먼저 들어갔지만 경미도 비슷한 시간에 들어갔다. 도우미 어머님이 2등 도장을 찍어 주셨다고 한다.

이렇게 해서 경미를 비롯한 우리 학년 도움반 아이들은 모두 운동회 경기에 참가한 하루였다. 날씨는 더웠지만 마음은 상쾌한 하루였다. 운동회가 끝나고 교실에 있는데 도움반 선생님이 오셔서 고맙다고 하시면서, 내가 커피를 잘 먹지 못한다고 들어서 다른 것으로 가지고 오셨다면서 홍차 티백 세 개를 주고 가셨다. 고맙고 미안할 따름이다.

수학여행에서 저녁 먹기

수학여행을 갔다. 백제 문화권을 둘러보는 좋은 시간이다. 당연히 경미도 같이 갔다. 실무원 선생님께서 같이 가시게 되어 마음의 부담도 덜했다. 경미는 걸음 속도가 조금 느리므로 실무원 선생님과 조금 뒤에 오도록 했다. 집과 학교를 떠나 새로운 곳에 와서 그런지 호기심을 가지고 이곳저곳을 본다. 숙소에 와서 저녁을 먹을 때가 되어 식당으로 내려왔다. 익숙해 있던 곳을 떠나와서 그런지, 아니면 견학 다니느라 힘들었는지 경미가 밥을 잘 먹지 않았다. 실무원 선생님은 경미가 밥을 먼저 먹도록 해 주고 나중에 드시기로 하셨다. 하지만 경미가 선생님 팔을 꼬집고 밥을 안 먹으려고 발버둥 쳤다. 수학여행 때문에 스트레스를 받은 것 같았다. 이렇게 두어서는 안 되겠다 싶었다. 경미도 실무원 선생님도 나도 밥을 못 먹게 될 것 같았다. 그래서 내가 경미를 데리고 바깥에 산책하러 잠깐 다녀올 테니 실무원 선생님께서 먼저 식사를 하시라고 말씀드렸다. 그리고 다 드시고 전화 주시면 경미를 데리고 식당으로 가겠다고 했다. 나는 경미를 데리고 나왔다. 숲 속 공기가 좋았다. 밤바람에 상쾌해서 그런지 경미의 기분이 한결 나아지는 것 같았다. 숙소 둘레를 한 바퀴 돌고, 벚나무 밑 의자에 앉아 늘 좋아하던 동요를 율동과 함께 불러 주고, 밝게 웃는 모습 사진도 몇 장 찍었다. 아까는 식당에서 왜 그랬냐고 물어봐도 아무 대답 없지만 지금은 좋아진 것 같아 다행이었다. 실무원 선생님께 연락이 오기에 경미와 식당으로 갔다. 산책을 하고 나니 입맛이 돌아왔는지 경미는 밥을 먹었다. 경미를 실무원 선생님께 맡기고 나도 밥을 먹었다.

나는 행복하게 식사하는 것은 누구에게든지 필요하고 중요한 일이라고 생각한다. 그래서 이렇게 우리 세 명 모두 편안하게 밥을 먹을 수 있게 되어 마음이 좋았다.

관 심

교육의 질은 교사의 질을 넘지 못한다는 말이 있다. 이처럼 통합교육의 수준 또한 통합학급 교사의 수준을 넘지 못한다고 생각할 수 있다. 그러므로 통합학급 담임의 마음 가운데 장애아이를 품고 있으면 그것이 학급 아이들에게도 나타난다는 것을 염두에 두고, 아무리 구조적인 어려움이 있더라도 노력해야 한다. 일시적인 장애이해교육도 도움이 되겠지만 꾸준한 관심을 보여 주는 것이 중요하다. 이것은 통합학급 교사의 모습을 통해서만 가능한 것이다.

경미가 학교에 오지 않는 날이면 아이들이 경미가 왜 안 오냐고 묻기 전에 먼저 경미가 아파서 학교에 못 온다고 말해 준다. 보고 싶은데 보지 못해서 아쉽다는 말도 같이 해 준다. 또 경미가 도움반에서 와야 할 시간인데 오지 않은 경우도 경미가 왜 안 오냐고 아이들 앞에서 인터폰으로 물어본다. 교사가 장애학생한테 많은 관심을 가지고 있다는 것을 의식적으로 보여 준다. 오늘은 4교시가 음악실 가는 시간인데 경미는 교실로 오지 않고 도움반에서 음악실로 바로 가게 되는 날이다. 4교시 끝나고 점심 먹으며 경미가 실무원 선생님과 음악 시간에 잘 왔었는지를 아이들에게 꼭 물어본다. 그러면 아이들이 경미 잘 왔다고 알려 준다. 내가 궁금하기도 하지만, 담임 선생님이 관심을 가지고 있으니 다른 아이들도 경미한테 잘해 주어야 한다는 것을 잠재적으로 가르쳐 주는 것이다. 그래서 통합학급 안에서 장애아이는 담임 선생님의 큰 관심을 받고 있는 아이라는 것을 알려 줄 필요가 있다. 이것은 어떻게 보면 보잘것없는 작은 것이지만 우리 아이들 마음 깊은 곳에 쌓이고 쌓여, 훗날 어른이 되어도 장애인에게 무관심하지 않고 관심을 가지고 함께해야 한다는 가치관을 심어 줄 수 있다고 생각한다.

곰돌이 책

<곰돌이 이야기>

말 아저씨, 안녕하세요?

어! 넌 누구니?

곰돌이예요, 곰돌이.

아니야, 아니야.

곰돌이는 그렇게 안 생겼단다.

오리 아주머니, 안녕하세요?

어! 넌 누구니?

곰돌이예요, 곰돌이.

아니야, 아니야.

곰돌이는 그렇게 안 생겼단다.

꾸러기 곰돌이 시리즈 가운데 목욕을 잘 해야 한다는 내용으로 재미있게 쓴 동화책이 있어서 경미한테 책을 읽어 줄 수 있는 시간에 읽어 주었다. 너무 유아용이라 이런 책을 경미에게 읽어 주는 것이 다른 아이들한테 경미를 더 어리게 취급하게 하는 구실을 주는 것은 아닌지 걱정스러웠다. 그렇다고 그림은 멋있고 크지만 내용이 너무 추상적인 그림책은 경미한테는 어울리지 않는 것 같았다.

다른 아이들도 듣도록 일부러 크게 몇 번 읽어 주었다. 책에 쓰여 있는 말이 반복적이고 재미있어서 경미도 잘 보는 것 같아 며칠 뒤 다시 읽어 주었다. 그런데 앞부분을 내가 읽으면 뒷부분은 갑자기 반 아이들 전체가 읽는 것이었다. 자기들이 다 외웠다고 한다. 리듬감 있는 말이 재미있고 자기들도 지금보다 더 어린 시절로 돌아간 것 같아 좋다며 장단을 맞춰 준다. 그래서 앞부분은 내가 읽어 주고 뒷부분은 아이들이 읽고, 경미는 가운데서 눈을 또렷하게 뜨고 살며시 웃으며 듣는다. 이곳저곳 찢어져서 테이프 붙인 자국도 있고 색연필로 막 칠해져 있는, 우리 집 애들 어릴 때 읽어 주던 곰돌이 책. 경미는 자기한테 맞는 것 같은지 즐겁게 웃으며 듣고, 반 아이들은 더 어린 시절로 돌아간 것 같아 즐거워 웃고, 나는 애들 키울 때 읽어 주던 생각이 나 즐겁게 웃고, 책 안의 곰돌이도 기분이 좋아 활짝 웃는 것 같았다.

평균대

오늘 체육 시간에는 평균대를 하였다. 평균대 두 개를 놓고 그 아래에 매트를 깔았다. 아이들에게 평균대에 올라가는 방법과 앞으로 걷기, 옆으로 걷기, 뒤로 걷기에 대해 알려 주었다. 남녀 각각 한 줄로 서서 호루라기 소리에 맞춰 한 사람씩 평균대에 올라갔다. 처음이라 비틀거리거나 떨어지는 아이들도 있었다. 경미가 겁이 나서 평균대 위에 올라가지 않을까 걱정했는데, 실무원 선생님 손을 잡고 평균대에 올라가서는 조심조심 천천히 앞으로 나아가는 것이 아닌가? 다른 아이들은 뽐낸다고 빨리 가려다가 중간에 떨어져서 다시 했지만, 경미는 천천히 가니 떨어지지도 않고 끝까지 나아갔다. 경미가 평균대 위에서 잘하는 모습이 참 보기 좋았다. 아이들도 경미가 잘한다고 말했다.

빠르다고 다 좋은 것은 아닐 것이다. 늦어도 한 걸음씩 끝까지 나아가려는 모습. 오늘 경미는 우리들한테 어떻게 살아야 하는가에 대해 몸으로 말해 주었다.

잘했다, 경미야!

교통지도 서는 날

아침에 교통지도를 해야 하는 날이 되어 호루라기를 가지고 나갔다. 나는 교문 앞에 서야 하고 어머님 한 분이 교문에서 몇 걸음 떨어진 차가 다니는 사거리에 서야 하는데 가을철 감기로 못 나오셨다. 그래서 내가 그 자리에 섰다. 여러 방향에서 나오는 차들을 보내면서 아이들이 잘 건너도록 알려 주었다. 골목길 저쪽에서 경미가 엄마와 같이 걸어온다. 반가운 마음이 들어 조금 더 가까이 오면 어머님께 인사를 드리고 경미한테도 손을 흔들어 주려고 마음먹고 있었다. 경미가 멀리서 먼저 나를 알아보는 것 같았다. 그런데 갑자기 길에 털썩 주저앉는 것이 아닌가? 그 순간 어머님도 당황해하셨고, 옆에 세워 놓은 차들 사이로 경미를 데리고 들어가셨다. 조금 안정이 된 뒤 다시 나온 것 같은데 또 나를 보고 털썩 주저앉아 학교 쪽으로 안 오려고 하는 것이다. 나는 반갑게 맞이해 주려고 했는데 내가 검은 옷을 입고 있어서 그런지, 아니면 늘 있던 자리에 있지 않아서 서먹서먹해서 그런지, 경미가 왜 그러는지 모르겠다. 그동안 내가 아이한테 뭘 잘해 주지 못했나 싶은 생각도 들었다. 어머님이 다시 살살 달래서 경미 손을 잡고 오시는데, 인사를 드리니 "경미가 학교 공부가 힘든가 봐요." 하셨다. 경미가 길가에 주저앉을 만큼 내가 힘들게 한 것이 있었을까? 내가 경미한테 무섭고 만나기 싫은 선생님이었을까? 경미 어머님도 경미 모습을 보시고 놀라셨는데 어떻게 생각하고 계실까? 교통지도를 서면서 갑자기 마음이 텅 비는 것 같았다. 내가 경미한테 무슨 잘못을 했을까?

오 해

3교시 끝나고 쉬는 시간에 경미가 화장실을 갔다. 내가 남자여서 아무래도 아이한테 부담을 줄 수 있는 것 같아 도와주는 여학생들을 같이 보냈다. 화장실에 다녀온 뒤 경미가 앞에 나와서 왔다 갔다 하는데 남자아이들이 "선생님, 경미 좀 보세요. 앞에요."라고 말하면서 막 웃는 것이 아닌가? 경미를 보니 바지 지퍼 앞이 젖어 있는 것이다. 화장실에 같이 갔던 아이를 나오라고 해서 경미가 화장실 앞에서 쉬를 한 것인지 물어보았다. 그 아이는 자세히 보지는 않았지만 그런 것은 아닌 것 같은데, 왜 이렇게 되었는지는 자기도 모른다고 했다. 나는 우선 경미가 옷을 갈아입어야 하니 도움반에 갔다 오라고 했다. 경미가 도움반에 가 있는 동안 아이들한테 큰 소리로 말했다. 경미가 오줌을 쌌다고 해서 웃는 것은 나쁘다고 했다. 어려움에 처한 친구를 보고 도와주지는 못할망정 웃고 있는 것은 올바르지 못하다고 했다. 경미는 거짓말도 안 하고 다른 친구한테 나쁜 짓도 안 하니 여러분보다 경미가 훨씬 더 낫다고 하면서, 다시는 그렇게 웃거나 놀리거나 하지 말라고 따끔하게 말해 주었다. 그동안 그렇게 많이 말해 주고 가르쳐 주었는데도 아이들은 왜 잘 바뀌지 않고 낄낄거리며 웃는 것일까? 자꾸 실망이 되었다.

오후에 도움반 선생님을 만나 오늘 일에 관해 나누게 되었다. 도움반 선생님께서 경미를 살펴보니 겉옷만 젖어 있었다는 것이다. 경미가 오줌을 싼 것이 아니라 손을 씻을 때 지퍼 쪽에 물이 닿아서 번져서 그랬을 것이라고 한다. 아이쿠, 내가 실수를 한 것이다. 그러면 그렇지. 우리 경미가 오줌을 못 가리지도 않는데……. 내일 아침에 오자마자 아이들한테 경미가 오줌 싼 것이 아니라 손 씻다가 물이 묻은 것이라고 다시 잘 알려 주어야겠다. 내가 좀 더 신중하게 대처했으면 아이들이 오해하지 않았을 텐데, 괜히 멀쩡한 아이에게 오줌싸개 취급을 하고, 착하고 경미한테 잘해 주던 우리 반 아이들인데 웃었다고 화를 내고……. 아직도 참다운 통합학급 담임이 되려면 갈 길이 한참 멀었다는 생각이 들었다.

경미야, 오해해서 미안하다. 얘들아, 소리 질러서 미안하다.

책상 위의 책

6교시 도덕 시간이다. 실무원 선생님이 들어오시지 않는 시간이다. 경미 옆자리에 앉은 지수한테 경미 책을 사물함에서 꺼내 놓으라고 했다. 책 내용은 잘 모르더라도 교과서 준비는 똑같이 하는 것이 옳다. 수업은 아이들이 써야 할 학습지를 나눠 주고 수업자료를 보여주며 바쁘게 지나갔다. 수업 끝나는 종이 쳐도 수업을 더 하다가 시간이 늦어져서 부랴부랴 정리를 하고 집으로 아이들을 보냈다. 경미도 인사를 하고 집으로 갔다. 연수실에 잠깐 갔다가 와서 교실을 둘러보는데 경미 자리가 눈에 들어왔다. 다른 아이들은 다 책상을 치우고 갔는데 경미 자리에만 도덕책이 있는 것이다. 그걸 보는데 뭔가 뭉클한 것이 차올랐다. 우리 반은 도덕 교과서를 집에 가져가지 않고 사물함에 보관하는데, 경미는 아직 스스로 책을 사물함에 아직은 넣지 못한다. 친구들도 자기 것을 정리하느라 미처 경미 것까지 챙기지는 못했을 것이다. 앞에서 종례 인사를 받던 나는 도대체 뭘 한 걸까? 다음부터는 경미 책 혼자만 책상 위에 외롭게 있지 않도록 까먹지 말고 정리해 주어야겠다. 경미 손잡고 같이.

꿈

어젯밤에 경미 꿈을 꿨다. 까만 스판 바지를 입은 경미가 칠판 앞에 나와 엎드리더니 뒷발을 힘차게 차올려서 물구나무서기를 했다. 그러더니 매트 위에 올라가 앞구르기를 하고 방향을 바꿔 뒤구르기를 날렵하게 했다. 그리고 일어나서 나한테 가까이 오더니 "이진 선생님." 하고 또박또박하게 말하고 웃는 것이 아닌가? 꿈이었지만 너무 또렷하고 진짜 현실 같은 꿈이었다. 내가 더 잘해 주지 못해서 열심히 하라고 말해 주는 꿈이었을까? 경미가 진짜 꿈처럼 된다면 얼마나 좋을까…….

학교 못 온 날

아침에 도움반 선생님이 메신저를 보내셨다. 경미가 오늘 결석을 한다고……. 많이 아파서 결석한 것인지 아니면 학교 오기가 싫어져서 결석한 것인지 궁금해져서 인터폰으로 물어봤다. 도움반 선생님은 경미가 많이 아파서 그런 것도 아니고, 학교 오기 싫어서 그런 것도 아니라고 하셨다. 경미 어머니께서 요즘 편찮으신데 오늘은 많이 편찮으셔서 아이를 학교에 못 데려다 주겠다고, 끝나면 다시 와서 데리고 가야 하는데 그것도 어려울 것 같다고 도움반으로 전화가 왔다고 한다. 나는 마음이 뭉클해졌다. 우리 반 다른 애들은 자기가 아프다고 결석하지, 엄마가 아프다고 결석하는 일은 없기 때문이다. 오늘 경미는 학교에 안 온 것이 아니고 못 온 것이다. 아이들에게 경미가 학교에 못 오게 된 까닭을 말해 주었다. 그리고 어떻게 하면 좋을까 물어보니 희정이가 "선생님, 저희가 가서 데려오면 되잖아요." 한다. 옳지. 내가 원하는 답을 해 주었다. 경미 집이 가까우니 우리가 가서 데리고 오고 또 끝나고 나서 데려다 주면 된다.

경미 어머님께 안부 전화를 드렸다. 목소리가 많이 가라앉아 계셨다. 경미를 좀 띄워 주면 어머님께서도 몸조리를 더 잘 하실 것이다. 어머님이 많이 아프실 때는 담임한테 전화 주시면 내가 가든지 우리 반 애들 몇몇이 가서 데려오고 끝나면 다시 같이 가면 되니까, 다음에는 꼭 연락해 달라고 말씀드렸다. 처음 전화 드렸을 때는 연결이 안 돼서 걱정되었는데, 두 번째 연락드렸을 때는 다행히 통화가 되어서 이렇게 다 말씀드리고 나니 마음이 한결 가벼워졌다. 작은 어려움이라도 서로 관심을 가지고 같이 돕는다면 우리는 함께 웃을 수 있다.

아이는 어디로

5교시 영어 시간이다. 아이들은 3층에 있는 어학실로 갔다. 수업 끝나는 종이 치고 조금 뒤 아이들이 띄엄띄엄 교실로 들어온다. 그런데 경미가 보이지 않는 것이다. 도와주던 여학생들한테 물어보았는데 모두들 못 봤다고 했다. 영어 선생님이 스티커를 나눠 주셨는데 그걸 받느라 조금 늦어져서 경미가 어학실 밖으로 나가는 걸 보지 못했다는 것이었다. 경미는 학교 밖으로 나가거나 하지는 않는 아이여서 큰 걱정은 안 되었다. 하지만 5교시가 끝나면 어머님이 데리러 오시게 되어 있기 때문에 얼른 도움반으로 내려보내야 했다. 반 아이들을 다 풀어서 경미를 찾으려 하는데, 6학년 선생님이 "이 아이가 왜 우리 반 앞에서 왔다 갔다 하지요?" 하면서 경미 손을 붙잡고 데리고 들어오시는 것이 아닌가? 경미가 3층 어학실을 먼저 나가서 4층 끝에 있는 우리 반으로 오지 못하고 5층의 6학년 교실까지 가 버린 것이다. 경미 손을 잡고 교실까지 데려다 주신 6학년 선생님께 감사의 말씀을 드렸다.

늘 다니던 길인데 혼자는 못 다닌다. 하지만 꾸준히 훈련한다면 스스로 찾아갈 수 있지 않을까? 어학실뿐만 아니라 집까지도 혼자 찾아갈 수 있는 날이 꼭 올 것이다.

경미의 웃음

체육 시간이다. 이 시간에는 아이들이 축구를 배워야 해서 축구공 네 개와 고깔 열여섯 개를 준비했다. 패스 연습을 하려고 했다. 운동장에 다른 반은 없고 4학년 1반이 있었는데, 그 반의 담임 선생님이 오시더니 반 애들이 선배들과 꼭 한번 축구 실력을 겨뤄 보고 싶어 한다고 하셨다. 남학생들이 축구를 할 동안 여학생들은 피구 시합을 하자고 했다. 나는 피구할 때의 주의 사항을 알려 주고 여학생들과 피구장을 그린 후 경기를 시작했다. 체육 강사 선생님이 계셔서 경기 심판을 부탁드렸다. 경미도 함께 피구를 했다. 그런데 잠시 뒤 경미가 싫증이 났는지 피구를 하고 싶지 않은 것 같아 경미 손을 잡고 운동장을 돌았다. 경미가 잘 따라오지 않아서 경미 앞으로 팔을 쭉 펴서 손바닥을 내밀며 쳐 보라고 하니 따라온다. 내가 손바닥을 칠 듯

말 듯하게 간격을 유지하며 천천히 달리니 경미도 달리기를 한다. 그렇게 경미가 나를 잡으려고 오면서 달렸는데, 그 거리가 운동장 세 바퀴였다. 얼떨결에 경미가 운동장을 세 바퀴나 돈 것이다. 그것도 달리기를 하면서……. 나를 쫓아오는 동안 경미는 가을 햇살처럼 티 없이 밝게 소리 내어 웃었다. 내가 요즘 잘 웃지를 못하고 지내서 그런지 나를 보고 웃는 경미를 보며 많은 위로를 받았다. 힘을 얻었다. 가만히 생각해 보면 내가 경미한테 해 주는 것보다 경미가 나한테 해 주는 것이 더 많다. 내가 더 도움을 받고 있는 것이다.

경미야, 고맙다!

스위치

과학 전기 회로 꾸미기 시간이다. 다섯 모둠으로 만들고 실험 도구를 골고루 나눠 주었다. 아이들은 뭔가 만져 보고 움직여 보는 것이 좋아서 그런지 모둠별로 열심히 한다. 경미네 모둠도 모여서 하는데 경미는 관심이 없는지 나한테만 자꾸 온다. 그래서 경미를 위해 특별한 회로를 꾸미기로 했다. 모터에 빨대로 프로펠러를 만들어 꽂고 꼬마전구와 스피커를 연결했다. 스위치를 눌러서 프로펠러가 돌아가고 전구에 불이 켜지고 소리가 나는 것을 경미에게 보여 주었다. 다른 아이들은 실험을 하다 말고 멋있다고 소리치는데 경미는 시큰둥한 것이 아닌가? 경미에게 스위치를 한번 눌러 보자고 하니 쳐다만 본다. 내가 손을 잡고 스위치에 갖다 대니 겁먹은 얼굴로 손을 뺀다. 노랗고 예쁜 이 스위치가 왜 경미한테는 무섭게 느껴지는 것일까? 그

동안 이런 스위치를 본 적이 없어서 그런 것일까? 나는 스위치만 따로 떼어서 한 손에 들고 다른 손으로 손뼉 치듯 스위치를 쳤다. 스위치는 탄력이 있어서 음악 시간에 합주할 때 쓰는 짝짝이처럼 치는 재미가 있었다. 손뼉 치기를 좋아하는 경미 손바닥에 올려놓기를 여러 번 한 끝에 경미도 스위치가 무서운 것이 아니라는 것을 알게 되었다. 경미가 한 손으로 잡고 다른 손으로 탁탁 소리가 나도록 신나게 쳤다. 스위치 하나를 더 가져다가 나도 치고 경미도 치고 우리 둘이 노래를 부르며 즐겁게 쳤다.

처음에는 힘든 일도 있을 것이다. 하지만 조금만 참고 견디면 곧 익숙해져서 넉넉한 마음으로 지낼 수 있을 것이다. 통합학급 담임을 하는 시간도 처음에는 어렵게 느껴지겠지만, 점점 익숙해지게 되면 그 안에서도 얼마든지 기쁨과 감동과 보람을 느낄 수 있는 흔하지 않은 체험을 하게 될 것이다. 처음에는 노란 스위치를 들고 무서워하다가 이제는 스위치를 들고 리듬감 있게 치는 경미가 오늘 나한테 이걸 말해 주었다.

생각해 봐요

통합학급 선생님

통합학급에서 장애학생과 일반학생 그리고 담임 선생님 모두가 웃을 수 있도록 하기 위해서는 제도적인 지원이 더 있어야 하고 현장의 요구사항에 대한 지원을 법제화해서 실천하도록 해야 한다. 지원이 이루어지도록 하려면 권고만으로는 어렵고 어느 정도 강제력이 있어야 한다. 다만 현장의 요구를, 특히 통합학급을 맡고 있는 담임 선생님들의 의견을 반영한 내용이 지원 방안에 들어가야 한다.

그런데 여기서 조심해야 할 것이 있다. 일반학급이나 통합학급 선생님들이 통합학급의 효율적인 운영을 위해 필요한 지원 방안을 요구할 때 지나치게 자기의 편안함만을 위해 요구해서는 안 된다. 물론 담임 선생님이 수업과 생활지도를 하는 것 이외에 다른 업무로 바쁠 경우 학생들한테 소홀히 할 수가 있게 되기 때문에 업무 경감을 요구하는 것은 맞다. 그러나 그것이 지나쳐서 자기가 더 편하게 지내기 위해 요구하는 것이라면, 이는 선생님이라는 이름으로 학생들 앞에 서야 하는 사람에게 어울리지 않는다. 특히 장애학생과 같이 지내는 통합학급 담임 선생님의 경우 사랑과 헌신이 필요하기 때문이다.

그런데 이 길이 꼭 어려움만 있는 것은 아니다. 보람과 긍지 그리고 교사됨을 경험할 수 있는 좁지만 좋은 길이기도 하다. 촛불은 자기를 태워 불을 밝힐 때 제일 행복할 것이다. 그것이 어렵고 힘들어서 처음 모습 그대로 가지고만 있다면 겉모습은 반듯해 보여도 무슨 의미가 있겠는가? 힘들고 어렵고 아파도 나를 태워 사랑의 빛을 주겠다는 마음을 간직하고 통합학급을 맡는다면 분명 행복할 것이다. 왜냐하면 우리는 선생님이기 때문이다. 그리고 우리가 이런 마음을 가지고 통합학급에서 실천하며 또 필요한 구조적 지원을 말할 때, 보다 더 큰 변화를 가져올 수 있을 것이다.

더 나아가서 통합학급을 서로 맡으려는 선생님들이 많이 나오도록 해 주면 얼마나 좋을까? 여러 종류의 인센티브를 선택할 수 있게 해 주고 행정 및 재정 면에서 완벽하게 지원해 준다면 좋을 것이다. 일반학급을 맡든지 통합학급을 맡든지 그 힘듦이 같도록 해야 한다. 그래야 통합학급을 지원하는 선생님이 없어서 제비뽑기를 한다든지 무조건 부장 선생님들이 맡게 한다든지 하는 문제가 생기지 않을 것이다.

그런데 일선 학교에서 업무를 마음대로 줄이는 것도 힘들다. 교육청도 나라의 교육정책에 따라 계획을 세우고, 교육청에서 추진하는 계획이 있다면 학교도 그에 따라 계획을 세워야 한다. 선생님들이 업무 처리보다 수업과 생활지도에 전념하도록 해야 하는데, 다른 학교에서는 다 하는 일을 우리 학교만 안 할 수도 없으니 실적을 내기 위해 선생님들이 애를 써야 한다. 이렇다 보니 통합학급 선생님들한테 업무를 주지 않으면서도 일반교사들이 이중으로 떠맡지 않도록 업무를 실제적으로 없애 주는 것은 교장 선생님 혼자 결정할 수 있는 문제도 아니다. 따라서 업무가 많아지지 않도록 일선 학교에 제도적으로 배려를 해 주어야 한다.

통합학급 선생님들에게 가능하면 업무를 주지 않도록 국가 차원이나 최소한 시·도교육청 차원에서 대책을 세워야 한다. 대신 통합학급 선생님들이 통합학급 운영을 열심히 하도록 장학지도도 꼭 필요하다. 통합학급을 담임하는 것을 기피하는 것이 아니라 서로 통합학급을 맡겠다는 선생님들이 많아지도록 교사에 대한 배려가 있어야 한다는 것이다. 궁극적으로 단순히 편하고 여러 가지 혜택도 많아서 하는 것이 아니라 '교사라는 전문성을 가지고 정말 학생들과 함께 제대로 된 통합교육을 해 보자.'라는 마음을 가지고 담임하려는 선생님들이 많아졌으면 한다.

어떻게 하면 선생님들이 통합학급을 맡겠다고 서로 열심을 내서 지원을 하게 할 수 있을까? 나는 '무엇인가 주면 맡는다.'고 생각한다. 그것이 무엇일까?

첫째, 보람과 긍지를 주어야 한다. 통합학급 담임 선생님한테 인센티브만 준다면 자기가 봐도 그렇고 다른 선생님들이 봐도 그렇고 '받기 위해 하는 선생님', '안 받으면 안하는 선생님'이라고 생각해서 힘이 빠지기 쉽다. 선생님다움을 주어야 한다.

둘째, 인센티브의 종류를 여러 가지로 해서 주어야 한다. 예를 들면, 이동 가산점 받기, 수당 받기, 아무것도 안 받기, 승진 가산점 받기, 이렇게 네 가지를 정하고 자기가 선택해서 갖게 해야 한다. 그리고 이 네 가지 중 어떤 것을 선택해도 누가 옳고 그른 것을 따질 수는 없다. 모두 다 자기의 형편과 지향하는 가치에 따라 선택하기 때문이다.

셋째, 통합학급 운영의 효과를 높이기 위해 과감한 구조적 지원을 해 주어야 한다. 그런데 사실 이것이 제일 어려운 문제다. 선생님이든지 도우미 학생이든지 통합학급에서 장애학생을 돕는 사람들에게 인센티브를 확실하게 주자. 장애학생은 애물단지도 아니요 천덕꾸러기도 아니다. 우리 모두가 아껴 주고 사랑해야 할 이들이다. 국가 차원에서 세세하게 지원 대책을 세워서 줄 것은 확실하게 주는 대신, 제대로 책임감을 가지고 지원하도록 해야 한다. 정해진 규정대로 지원하지 못할 경우 그에 따른 책임도 엄중하게 물어야 한다.

통합교육을 실천할 때 생각해 봐야 할 것이 있다. 내가 가지고 있어야 할 어려움과 힘듦을 장애학생과 그 가족이 대신 짊어지고 있다는 사실이다. 우리가 장애인들을 도와준다고 하는데, 사실 그것은 도와주는 것이 아니다. 내가 짊어져야 할 내 몫을 대신 지고 있는 사람들한테서 그냥 다시 받아 오는 것이다. 우리는 모두 이 사람들한테 빚진 자들이다. 통합교육을 할 때, 장애학생을 가르칠 때도 이런 빚진 마음을 반드시 가지고 있어야 한다. 일반 사람인 우리들이, 그리고 통합학급 교사가 그 짐을 나누어야 한다.

통합학급 愛歌

쓴 바람 비벼져 굳어진 얼굴
볼 곳이 없는 초점 갈 곳도 없고
깎인 산 어미 손에 꽉 잡힌 꽃 딸
까닭 모를 큰 웃음 혼자만 놀고

금빛 햇살 몰려든 통합학급 안
지적장애 들고 안고 다가온 아이
달빛 얼굴 잔잔히 앞을 보는데
쏘다니는 큰 달 하나 교실을 훑고
콩알생각 입 모아 제창할 때면
입 벌려 불러내는 웃음 큰 독창

못해서 어떡해 걱정하지 마
네 짐도 내 짐도 같이 붙잡고
힘껏 부른 우리 노래 울타리 넘어
힘든 곳 아픈 곳 찾아갈 거야

잊혀지지 않는 눈빛

어느 해
설날 연휴 전날 밤
신도림역 사람 많고
바람 차가웠다

멀리 하늘에 비행기
불 밝히며 날아간다
다른 사람들 조금 쳐다보다
말았는데
한 사람 끝까지 쳐다본다
외국인 노동자

비행기 보며 고향 생각 했을까?
가족들 생각 했을까?
그 눈 옆에서 봤는데
눈물 조금 맺혀 있는 것
보였다

지금도
잊혀지지 않는 눈빛이다

이야기 셋

선 택

5학년 선생님들 열 명이 모였다. 두 명은 전담 선생님이라 업무만 선택하면 되지만, 담임 선생님들에게는 아이들을 선택하게 되는 자리였다. 여덟 개 반, 그중 통합학급 아이가 두 명이다. 남자 한 명, 여자 한 명. 누군가 미리 선택하지 않으면 제비를 뽑는 사람의 반이 되는 거다. 나는 겁쟁이다. 누군가 맡아 준다면 감사히 생각하고, 그럴 사람이 없으면 내가 맡겠다는 거다. 나는 왜 화끈하게 먼저 말하지 못하는 걸까? 나는 왜 이리 자신이 없는 걸까? '제가 맡을게요.' 이 한 마디 하기가 왜 이리 어려운 걸까? 하겠다고 나서는 사람이 없다. 결국은 부장 선생님이 제비를 만드셨다. 그제야 목에서 말이 나온다. "부장 선생님, 제가 맡을게요." 결국은 이렇게 될 것을…….

그래서 나는 재희를 만났다. 5학년 2반 15번 서재희! 어떤 아이일지 궁금하기도 하고 걱정도 된다. 아, 가만히 있을 걸 그랬나? 나보다 더 훌륭한 선생님 만나서 더 잘 지낼 수 있는데 괜히 내가 나섰나? 학년 선생님들에게도 도움이 되고 아이들에게도 도움이 되려고 시작한 일인데……. 나는 누구보다 잘할 자신감이 있는 건 아니다. 다만 몇 번의 경험을 거치면서 아이들이 힘들기는 해도 밉거나 싫거나 하는 느낌은 없었다. 힘든 건 힘든 거고 아이들은 아이들대로 예쁘다. 내가 아이들에게 뭘 별로 해 주는 것도 없다. 그러면서도 아이들과 같이 있는 게 편안하다.

언젠가 내가 아이들에게 해 주는 게 없어서 너무 미안하다고 특수학급 선생님께 말씀드린 적이 있다. 그랬더니 선생님께서 하시는 말씀, 장애학생들이 통합학급에서 아이들과 잘 어울려 지낼 수 있도록 해 주는 것이 제일 중요한 일이라고 하신다. 나는 그 말을 믿고 싶다. 서로 사랑하며 어울려 살아간다면 낱말 몇 개, 숫자 몇 개 더 익히는 것보다 더 값진 것이 아닐까? 유비무환, 지금부터 재희를 맞기 위한 마음의 준비를 시작한다.

재희 알기

새 학년 시작 전날 저녁때가 되니 차츰 재희에 대한 걱정이 생기기 시작했다. 내일 학교에 가면 어떻게 대해야 할지, 도우미는 어떻게 정해야 할지(한 명이면 될지, 두 명이어야 될지) 미리 알면 좋겠다는 생각이 들었는데 작년 담임 선생님은 전근을 가셨기 때문에 보기가 어려워 전화를 했다. 그 선생님은 작년에 첫날과 2학기 개학식 날 재희가 울었다고 하셨다. 새로운 환경이라 낯설어서 그랬다고 하는데, 아마 내일 나의 임무는 재희를 울지 않게 하는 것이 될 것 같다. 낯가림은 있으나 친해지면 교사나 친구에게 말을 걸기도 한다고 하니 언젠가 내게도 자기 속마음을 얘기할 수 있을 때가 오기를 기대한다. 화장실은 가고 싶을 때 말을 한다니 걱정할 필요는 없겠고, 사시가 있어 칠판 글씨를 볼 수 없고, 알림장은 한 줄 정도로 불러 주면 쓴다고 하니 좀 적응이 되면 나도 시도해 봐야겠다. 교사의 말에 집중하고 대답도 잘한다고 하니 재희 때문에라도 신중하게 말하고 행동해야겠다.

자리 정리는 도우미를 지원하는 아이에게 맡기면 될 것 같고, 한 달에 한 번 정도 자리를 바꾸니 그때 도우미도 바꾸어 주면 될 것 같다. 이전 담임 선생님은 재희가 공간지각능력이 부족해서 자리가 바뀌면 잘 찾지 못할 거라며 재희 자리는 고정해 주는 것이 좋겠다고 하신다. 실제로 방향감각이 없어서 물건이 바로 아래에 있어도 잘 찾지 못한다고 한다. 올해 제일 큰 숙제는 어디를 가든 재희를 잊지 않고 꼭 챙기는 것이 될 것 같다. 좀 긴장도 된다.

재희와의 만남

재희를 처음 만났다. 반갑게 맞아 주니 울지 않아서 다행이다. 울면 어쩌나 걱정했는데 좋은 징조인 것 같다. 아이들도 이미 아는 눈치인지 재희를 이상하게 여기지도 않고 평범하게 대한다. 자리를 정할 때 재희를 복도 옆 맨 앞자리에 앉히고 도와줄 친구를 찾으니 예정이가 선뜻 나선다. 3학년 때도 같은 반이어서 재희 도우미를 한 적이 있다고 말이다. 예정이가 몸이 약한 편이어서 자신도 힘들 텐데 그래도 자원한 아이가 예정이밖에 없어서 부탁하기로 했다. 그리고 힘들면 안 해도 좋으니 꼭 이야기하라고 말해 주었다. 나는 한 달에 한 번씩은 도우미를 바꾸어 주고, 도우미를 하고 나면 나름대로의 보상도 해 준다. 아이들이 보상을 바라고 하는 것이 아니라는 걸 알지만 너무 고맙고 대견해서 내가 자진해서 주는 것이다.

하루를 지내 보니 걱정할 필요가 없다는 걸 알았다. 재희도 그렇고, 우리 반 아이들도 그렇고 올해는 내가 운이 좋은 것 같다. 다 착하고 아이다운 생각을 가진 아이들이라 나만 잘하면 행복한 한 해를 보낼 수 있을 것 같다. 그런데 재희를 위해 하루에 두 시간, 2교시와 5교시에 실무원 선생님이 지원을 위해 들어오신다고 했다. 새롭게 생긴 부담이다. 아무래도 누가 있으면 마음이 편치 않을 것 같은데 재희한테 좋은 일이니 나도 좋게 생각하려고 한다.

다행히 전담 선생님들도 실무원 선생님이 함께 수업하시는 것을 부담스럽게 생각하지 않으시고 흔쾌히 받아들여 주셔서 고마울 따름이다. 3, 4교시에 재희가 도움반에 가서 국어와 수학을 배우니 우리 반에서도 그 시간에 국어와 수학을 하게 된다. 그러다 보면 2교시와 5교시가 도덕, 영어, 실과 같은 전담 선생님 시간이 될 확률이 높다. 나는 담임이라 괜찮지만 전담 선생님들이 힘들어하시면 어쩌나 걱정했는데 모두들 좋으신 분들이다. 이렇게 다들 함께 애써 주시니 재희에게 참 잘된 일이다.

재희가 준 행복

재희는 보통 아홉 시가 될 때쯤 교실에 온다. 어머님께서 도움반에 데려다 주시면 실무원 선생님께서 우리 교실로 데리고 오신다. 오늘도 재희가 올 때가 되었는데 난데없이 복도에서 울음소리가 들렸다. 재희 울음소리다. 우리 반 아이들이 모두 귀를 쫑긋 세웠다. 내가 복도로 나가니 재희가 울고 있었다. 실무원 선생님께 들으니 함께 데리고 온 3학년 아이 반이 마침 어학실 가는 시간이었는지, 반에 선생님과 학생들이 없었는데, 재희가 우리 교실에 아무도 없으면 어떡하냐고 걱정이 되어서 그러는 거란다. 그 이야기를 듣는 순간 나는 가슴이 먹먹해졌다. 우리를 이렇게 소중하게 생각해 주는 사람이 있었다니……. 재희를 안아 주고 달래서 교실로 들어왔다. 재희가 친구들에게 "안녕?" 하고 인사를 했다. 아이들도 재희에게 반가운 표정을 지어 주고 대답도 해 주었다. 재희 이야기를 아이들에게 해 주니 모두 얼굴이 밝아진다. 이게 바로 사랑받는 사람의 표정인가? 재희는 울었지만 우리는 너무 행복했다.

재희야, 우리 너 놔두고 아무 데도 안 가니까 걱정 마.

기회를 주자

월요일이 통합학급 간담회가 있는 날이었다. 그런데 나는 달력에 표시해 놓은 날짜만 보고 있다가 참석을 못 했다. 처음 계획은 화요일이었지만 월요일로 옮겨진 것을 몰랐기 때문이다. 특수학급 선생님이 몇 번이나 알려 주셨는데도 내가 대강 넘겨 버린 탓이다. 그날은 많은 업무 결재 때문에 바빠서 전화도 못 받은 것 같다. 내가 요즘 이러고 산다. 학기 초라 메신저는 날마다 읽기조차 버거울 만큼 많은 양의 정보를 쏟아내고, 나처럼 덜렁대는 성격은 뭔가 한 가지씩 어긋나기 마련인 것이다.

간담회에서 무슨 얘기들이 오고 갔는지 내가 알아야 할 것은 챙겨야겠기에 다음 날 특수학급 선생님께 연락하여 상담을 하러 갔다. 재희 어머니가 재희 담임만 안 왔다고 서운해하더라는 말씀을 들었다.

'그래, 나라도 그런 생각이 들었겠다.' 하는 생각이 들어서 교실로 올라와 바로 전화를 드렸다. 단지 이유가 '잊어버려서'라는 게 속상했지만, 오해는 오래가서 좋을 것이 없기 때문이다. 재희 어머니는 괜찮다고 하셨지만 내 마음은 여전히 걸린다.

그리고 간담회 때 우리 반 아이들이 재희에게 너무 잘해 주는 것이 문제라고 하셨다고 한다. 신발도 꺼내 주고 신겨 주고, 화장실도 데려가 주고. 재희도 그 정도는 혼자 할 수 있는데 말이다. 사실 나도 거기까지는 신경을 쓰지 못했다. 아이들이 재희를 귀찮아하지도 않고 잘 대해 주는 것이 기특하고 고맙다는 생각만 했을 뿐이다. 어차피 재희에게도 혼자 살아 내야 할 삶이 있으니 뭐든 혼자 할 수 있도록 돕는 일이 우리들이 해야 할 제일 중요한 일인데, 바쁘다는 핑계로 깜빡했다. 변명은 아니지만 나도 이제 그 정도는 알고 있는데, 아이들의 생활이 너무 순조롭게 이루어지니 마음을 너무 놓았나 보다.

그런데 나도 '나한테만 슬쩍 말해 주셔도 되는데…….' 하며 재희 어머니께 약간 섭섭한 마음이 든다. 3월 2일에 처음 만나서 지금까지 정말 우리 아이들이랑 한마음이 되어 재희를 지켰는데……. 잘 알고 지내는 특수학급 선생님께 이렇게 말씀드리자, 아이들이 정말 잘해 주지만 이런 점은 개선되었으면 좋겠다고 간담회 형식을 빌려 말씀하신 것이니 긍정적으로 받아들이라고 하신다. 아이들이 너무 잘해줘서 탈이라 해도 나는 아이들 편이다. 정말 잘해 주니까…….

재희 어머니께 아이들에게 재희가 혼자 할 수 있도록 참고 기다려 주도록 지도하겠다고 말씀드렸다. 그리고 화장실도 지켜만 보고 혼자 갈 수 있게 하겠다고 말이다. 아마 아이들은 그게 더 힘들 것이다.

빠른 것에만 익숙해져 있는 아이들에게, 잘하지 못해도 할 수 있을 때까지 기다리는 것이 더 큰 고통일 것이기 때문이다. 최고의 인내심 기르기 프로젝트다.

진주를 만드는 중

점심시간이 끝날 때쯤 도움반 선생님께 메시지가 왔다.

"선생님, 재희에 대한 것은 작은 것이라도 꼭 제게 말씀해 주세요."

어, 이 말의 뜻은 뭐지? 나는 순간 너무나 당황했다. 재희에 대해서는 늘 최선을 다하려고 노력하는데 어디서 뭐가 잘못된 거지? 내가 무슨 실수를 했나?

조급한 마음에 얼른 도움반 선생님께 인터폰을 했다.

"선생님, 재희 담임인데요. 제가 뭘 재희에 대해서 말씀 안 드린 것이 있었나요?"

선생님의 대답은 오늘 체육 시간이 5교시로 바뀌는 바람에 내가 실무원 선생님께 5교시는 체육이니 재희를 운동장으로 데리고 나오시라고 보낸 메시지 때문이라는 것이었다. 이제부터는 재희에 관한 것은 작은 거라도 재희를 담당하시는 도움반 선생님께 말해 달라는 것이었다. 나는 어차피 실무원 선생님이 재희 수업을 도와주러 오시니까 아무 생각 없이 시간 바뀐 걸 직접 말씀드린 건데, 도움반 선생님께 먼저 말씀드리지 않고 실무원 선생님께 바로 말씀드린 것이 잘못이었던 것이다. 체육을 하고 들어오면서 도움반에 들러 상황을 설명하고 변명도 하고 교실로 들어오는데 기분이 영 개운하지 않았다.

또 내 특기인 곰곰이 생각하기에 빠졌다. 그렇게 마음 쓰고 내린 결론은 내 생각이 짧았다는 것이다. 어차피 재희에 대한 책임은 도움반 선생님과 통합학급 담임인 내게 있다. 실무원 선생님은 도움반 선생님과 담임 선생님의 지시에 따라 재희의 학습을 도와주시는 것인데, 내가 그동안 그냥 편하게만 생각한 것 같다. 우선 실무원 선생님과 맨날 얼굴을 대하니 재희에 대한 궁금한 일을 도움반 선생님을 거치지 않고 직접 여쭤 보기도 했고, 어떤 일은 실무원 선생님의 의견만 묻고 결정해 버린 일도 더러 있었던 것이 생각났다. 심지어 꼭 도움반 선생님과 의논해야 하는 일마저도 그냥…….

도움반 선생님의 마음이 이해되기까지는 며칠이 걸렸다. 재희의 일을 결정할 때 내가 편하고 좋은 쪽으로 해야겠다는 마음을 최우선에 둔 적은 없다. 나도 사람이니 마음이 저절로 그렇게 가 버렸을 수는 있겠지만 항상 재희의 입장에서 생각하려고 한다. 그렇게 하려니 사실 재희가 있다는 것이 부담이 되고, 나의 행동이 내 마음에 차지 않아 자책감이 들 때도 더러 있다.

그러니까 이런 일이 생기고 나면 자꾸 자신이 없어진다. 나는 늘 최선을 다해 하는 건데 늘 만족할 만한 결과가 나오지는 않기 때문이다. 또 깨닫는다. 나는 해도 해도 왜 자꾸 부족한 걸까?

문득 도움반 선생님께 원망 아닌 원망이 들기도 한다. '그런 일이 있어도 서로 기분 나쁘지 않게 자세히 설명해 주셨어도 될 텐데.' 하는 생각 말이다. 내가 앞뒤가 꽉 막힌 벽창호도 아니니, 미리 알았으면 서로 마음이 상하는 이런 일이 생기지 않았을 수도 있었을 것이다. 알 듯 모를 듯한 애매한 문자 메시지 한 줄은 좀 너무하시지 않았나?

며칠이 지나도 내 감정이 깨끗하게 정리되지 않아 평소 친하게 지내는 특수학급 선생님께 하소연을 했다. 물론 내 입장에 유리하게 설명했을 거다. 선생님은 도움반 선생님이 내게 큰 불만이 있어 그러시진 않았을 것이라고, 그래서 그렇게 가볍게 내게 협조의 의사표현을 하신 것일 거라고 하셨다. 현장에서 통합학급 담임 선생님들과 도움반 선생님들 간에 흔히 생길 수 있는 갈등 상황이라고 하신다. 통합학급 선생님들은 실무원 선생님들과 매일 만나니까 스스럼없이 장애아이에 대해 상담도 하게 되고 의논도 하게 되는데, 그러다 보면 도움반 선생님과 결정해야 할 일을 실무원 선생님과 결정해 버리는 실수들을 할 때가 있다고 말이다.

그래, 맞는 말이다. 나도 실무원 선생님과 매일 만나니 이런저런 일들을 자연스럽게 실무원 선생님과 의논하게 되었다. 도움반 선생님은 만날 일도 별로 없으니 물 흐르듯 그렇게 와 버렸는데 샛길로 잘못 들어선 거다.

하지만 도움반 선생님께도 책임이 있다고 하셨다. 원래 도움반 선생님에게는 실무원 선생님을 교육해야 하는 의무도 있는데, 그때 통합학급 담임 선생님과 장애학생의 일을 직접 결정하면 안 된다는 것도 미리 가르쳐야 한다고 하셨다. 예를 들어 통합학급 선생님이 장애 학생의 일에 대해 이렇게 해 달라고 일방적으로 지시를 하거나 부탁을 할 경우가 있다면 "그런 일은 도움반 선생님과 의논해서 결정해 주세요."라고 말하도록 교육해야 한다는 것이다.

이렇게 해서 또 한 가지를 몸으로 배웠다. 아프지 않고는 진주를 못 만드는 진주조개의 심정이 이해가 간다. 아픔을 겪고 나면 성숙해진다는 말도 이런 경험을 한 사람들의 가슴속에서 나왔을 거라는 확신이 든다. 바로 지금 내가 그 경험을 하고 있으니까.

그래서 이제는 재희에 관한 것은 뭐든 도움반에 전화를 걸어서 물어본다. '아니, 나한테는 재희에 관한 거면 뭐든 말해 달라면서, 왜 재희가 결석하거나 지각하거나 할 때는 잊어 먹고 말 안 해 줘서 내 속을 태우는 거지?' 이렇게 툴툴대면서 말이다.

에이, 속 좁은 인간이다. 그 일이 확 내 가슴속에서 날아가지 않아 문득문득 속상하다. 그래서 나는 이렇게 아파도 진주 같은 아름다운 보석을 만들 수 없을까 봐 더럭 겁이 난다. 이왕 아플 거면 진주라도 건져야 하는데 말이다.

상현아, 고마워

오늘은 2교시에 체육을 한다. 재희가 반 아이들이랑 운동하는 것을 좋아하기 때문에 될 수 있으면 실무원 선생님이 들어오시는 2교시나 5교시에 체육을 넣는다. 밖에 나가면 재희의 활동 범위가 넓어지고, 아이들도 자유스럽게 놀기를 원하기 때문에 실무원 선생님의 도움을 받으면 훨씬 수월해진다. 아이들도 실컷 놀 수 있고, 재희도 같이 어울릴 수 있고, 나도 재희랑 다른 아이들을 다 챙길 수 있으니 좋다. 실무원 선생님이 안 계시면 아이들 중의 누군가가, 아니면 내가 재희를 더 신경 써서 돌보아야 하니 힘이 든다.

오늘은 피구를 하기로 했다. 바깥은 아직 추워서 수업을 하기 어렵고 체육관에는 이미 한 반이 체육을 하고 있으니, 우리가 체육관 안에서 넓은 공간을 차지하기란 어려운 처지다. 그래서 남자, 여자 합해서 '보디가드 피구'를 하기로 했다. 정식 명칭인지는 모르지만 나는 그렇게 이름을 정했다. 남자와 여자가 한꺼번에 하는 것이니 색다른 규칙이 필요하다. 그래서 첫판에는 남자들이 여자들을 보호하고, 두 번째 판은 여자들이 남자들을 보호해 주기로 했다.

재희는 이럴 땐 항상 깍두기다. 재희는 다른 아이들처럼 공을 잘 받을 수 없고 상대편 선수를 향해 잘 던질 수도 없다. 하지만 아이들과 던지고 받는 것을 너무 좋아한다. 그래서 일부러 아이들에게 재희 가까이 가는 공은 재희에게 잡아서 던지도록 기다려 주게 한다. 그런데 그런 상황에서 아무도 나에게 불평하지 않고 잘 따라 주니, 나는 체육 시간마다 우리 반 아이들의 예쁜 마음씨를 보며 감동하지 않을 수 없다.

피구를 하다가 상현이가 던진 공에 재희가 얼굴을 맞았다. 물론 재희는 한참 동안을 울었다. 아무리 말랑한 피구공이라지만 남자아이가 던진 공이라 아프기도 했고, 깜짝 놀라기도 한 것이다. 상현이는 연방 "재희야. 미안해." 하며 어쩔 줄을 몰라 했다. 나는 상현이가 재희에게 미안해하는 마음은 알지만 잘못한 것은 아니라고 말해 주었다. 규칙대로 경기를 하다가 생긴 일이고 상현이는 결코 일부러 그럴 아이가 아닌 것을 알기 때문이다. 재희 때문에 경기의 흐름이 깨져도, 상대편에게 공을 던져 줘도 아무도 원망하는 아이가 없다. 나로서는 고맙고 또 고마운 일이다. 내가 이렇게 만날 저희들에게 고마워하는 걸 알기나 할까?

아무튼 이 일로 상현이는 작은 수난을 당했다. 아이들이 상현이가 재희 얼굴을 맞혔다고 놀린 것이다. 그래서 결국은 상현이도 울었다.

내가 그건 상현이 잘못이 아니라고 그렇게 설명을 했건만…….

재희도 소중하지만 상현이도 소중한 우리 반 학생이라고 말해 주었다. 진짜다. 내겐 다 소중한 손가락이다. 오늘은 상현이의 너무나 미안한 표정이 나를 감동시킨 날이다.

재희야, 이렇게 너를 사랑하는 친구들이 함께 있다는 것을 잊지 마.

이름 외우기

쉬는 시간이 되었는데 재희 주변에 아이들 네댓 명이 모여서 짹짹거린다.

"재희야, 나 누구야? 내 이름 뭐야?"

"차예빈."

"그럼 나는?"

"아, 뭐더라……."

"우리 반 회장. 이은비."

"이은비."

재희가 몇 번을 반복하더니 이은비 이름을 외웠다. 이은비는 학급 회장 되더니 출세했다. 재희가 이름을 다 외워 주고.

밖에는 아이들 웃음소리를 닮은 개나리들이 피어나고 있다. 깨끗하고 순수하고 예쁜.

하지만 지금 얼굴을 맞대고 모여 있는 이 아이들 꽃은 개나리에 비길 수 없다. 갑자기 동영상으로 찍어서 오랫동안 간직하고 싶어졌다. 그렇게 하지는 못했지만 언젠가 한번 할 거다.

12시가 넘어서 잠을 자려고 누웠다. 하지만 잊기 전에 이 일을 적어 두고 싶어서 다시 일어났다.

말을 걸다

공부 시간에 재희를 어떻게 수업에 참여시키나 늘 고민이었다. 재희는 자기에게 어려운 공부를 할 때면 가만히 고개를 숙이고 듣고 있다가 지루해지면 책장을 한 장 한 장 넘긴다.

그래서 나는 늘 재희에게 미안하다. 재희에게도 뭔가를 가르쳐 주고 싶은 마음은 굴뚝같은데, 재희에게 개별적으로 무언가를 해 줄 수 없는 시간이 더 많다. 실무원 선생님이 들어오실 때는 우리가 하는 수업을 재희에게 설명해 주면서 아이들과 보조를 맞춰 주시는데, 그렇지 않은 시간은 재희를 위한 시간을 내기가 어렵다. 어떤 날은 재희에게도 발표를 시킨다. 재희가 어려워하면 짝꿍 아이에게 답을 살짝 가르쳐 주라고 한다. 그러면 재희는 큰 소리로 씩씩하게 말한다. 그러면 아이들은 저희들끼리 또 재희 잘했다고 칭찬을 해 준다. 내가 시키지도 않았는데 아이들이 저절로 그러는 걸 보면, 천사가 인간 세상에 내려오면 저런 모습일까 싶다.

오늘은 음악 시간에 '세상에서 가장 듣기 좋은 말'이라는 노래를 배웠다. '어머니'라는 말이 세상에서 가장 듣고 싶은 말이라는, 어버이날을 고려해 교과서에 수록된 노래다. 배우기 전에 아이들에게 어떤 말이 가장 듣기 좋았는지를 물었다. 생각 지도를 그려 가면서 칠판에 이것저것 아이들의 이야기를 적고 있는데 재희가 눈에 들어왔다.

"재희는 어떤 말을 들었을 때 제일 좋았어?"

"뭐더라……. 아이 뭐지?"

머리를 긁적이며 한참 고민을 한다.

"재희야, 엄마가 재희한테 뭐라고 말씀하실 때 기분 좋아?"

아직도 대답이 생각나지 않나 보다.

"재희야, 엄마가 재희한테 '재희, 사랑해.' 하실 때 좋았어?"

"네."

"그럼, 재희는 '사랑해' 라는 말이 듣기 좋은 말이구나."

칠판에 '사랑해'를 적었다.

재희한테 한 시간에 몇 번만이라도 말을 거는 게 올해 나의 소박한 목표 중 하나다.

피구를 좋아해

오늘은 채연이가 어린이날에 내가 준 쿠폰을 쓰는 날이다. 그것은 바로 '체육 선택권'이다. 체육 선택권은 체육 시간이 있는 날 쿠폰을 내면 원하는 활동을 뭐든지 하게 해 주는, 아이들이 아주 좋아하는 쿠폰이다.

채연이의 선택은 남자는 축구, 여자는 피구를 하는 거란다. 하지만 축구는 운동장이 비어야 할 수 있기 때문에 거절을 했다. 물론 거절을 하면 안 되는 쿠폰이지만 채연이는 불만 없이 남자와 여자가 함께 하는 피구로 결정을 보았다.

5교시는 햇볕이 너무 뜨거워 운동장 체육은 힘드니까 체육관을 찜하기로 했다. 체육관은 두 개 정도의 반이 쓸 수 있는 적당한 크기다. 그러니까 두 반이 먼저 들어가기 전에 서둘러야 한다.

아이들에게 점심을 먹고 나서 얼른 맡은 역할을 하고, 시작종이 울리기 15분 전에 나가도록 일렀다. 나가서 줄을 서서 운동장을 두 바퀴 돌고 바로 체육관에 들어가서 준비 체조를 하고 나를 기다리는 거다. 그러니 나도 다른 시간보다 더 빨리 준비해서 나가야 한다. 그래야 확실하게 체육관을 차지할 수 있으니까. 다른 반에게는 미안하지만 내게는 우리 반 아이들이 최고로 소중하니까 미안한 마음은 뒤로 미룬다.

체육관에 성공적으로 입성한 아이들이 나를 기다리고 있었다. 마음이 들떠 있을 때는 다칠 수도 있으니까 분위기를 좀 가라앉히려고 체조를 제대로 하지 않았다는 괜한 트집을 잡아, 국민 체조를 한 번 더하고 몸을 구석구석 풀어 준 다음에 두 팀으로 나누어 피구를 시작했다.

배구공은 힘이 실려서 잘못 맞으면 다치기도 하니 절대 사절이고, 말랑말랑한 피구공이 제격이다. 힘껏 던져서 맞아도 놀라고 아픈 느낌이 오래가지 않아서 안심할 수 있다.

이때 재희는 깍두기로 공 피하기를 두 판 정도 하더니 무섭다고 아예 수비수로 자리를 잡았다. 그런데 그냥 구경만 하는 건 싫어한다. 아이들처럼 공을 던지고 싶어 한다. 누구나 경험해 본 일이겠지만 게임에 집중하면 오로지 상대편을 맞히는 일에만 신경을 쓰게 되기 때문에 아주 격렬해진다. 그런 때 재희가 공을 잡거나 던질 기회를 잡기는 쉽지 않다. 재희는 기다려 줘야 하기 때문이다.

이럴 때 나는 또 아이들에게 부탁을 하러 다닌다.

"성준아, 다음 번에 공이 오면 재희한테 패스해 줄래?"

"건우야, 재희 자리로 가는 공은 재희가 던지게 해 줘."

"재희한테 공을 주워다 주진 않아도 돼. 재희가 잡을 때까지 기다려 줘."

아이들과 나는 서로 잘 맞는 한 팀이다. 싫다고 할 법도 한데 다 들어준다. 나는 만날 내가 좋은 선생님이라고 강조를 하지만 우리 아이들이 정말 좋은 아이들이다.

문철이

재희도 좋아하는 아이가 있다. 남학생과 여학생 사이의 뭔가를 말하는 것이 아니다. 재희도 더 좋아하는 아이가 있고 덜 좋아하는 아이가 있다는 뜻이다.

재희는 문철이를 좋아한다.

"재희, 누구 좋아해?"

"박문철."

"재희야, 문철이가 왜 좋아?"

"친구."

친구니까 좋아한다면서 머리를 긁적거린다. 쑥스러워서 그러는 걸까?

그래서 이번 달에는 문철이가 재희 도우미를 해 주기로 했다. 문철이는 처음 해 보는 거니까 약간 자신이 없는지 '도우미2'를 하겠단다. 화장실에 같이 가고 교실 간에 이동할 때 손을 잡아 주기도 해야 하니까 여학생이 재희 도우미를 해야 한다. 그래서 '도우미1'은 주희가 맡기로 했다. 주희는 재희 옆에서 항상 어떻게 해야 할지 가르쳐 주고 책임지고 재희를 데리고 다닌다. 그야말로 그림자처럼 재희에게 붙어 있어야 하는 역할이다. 그에 비해 재희의 뒷자리에 앉게 되는 문철이는 알림장을 적을 때 재희에게 유인물을 챙겨 주고, 모둠학습을 할 때 재희랑 같이 활동하는 주희를 도와주는 역할이라 주희에 비해서 수월한 편이다.

문철이에게 이번 달은 주희를 도와서 '도우미2'를 하고 다음 달에는 '도우미1'에 도전해 보면 어떻겠느냐고 물으니 선뜻 그러겠다고 대답한다.

재희의 그런 표현을 싫어하지 않고 순수하게 받아 주니 문철이가 대견하고 고맙다.

손수건

2, 3교시 미술 시간에 천에 실을 묶어 염색 물감에 담가 손수건을 만드는 활동을 했다. 원래는 3, 4교시가 미술인데 재희가 있는 시간을 선택해 시간을 바꾸었다. 물론 누군가는 왜 시간표대로 하지 않느냐고 나를 추궁할지 모르겠다. 하지만 시간표 짤 때 생각나지 않던 일이 이렇게 생겨 버리는 걸 난들 어떡하랴? 손수건 만드는 순서와 주의할 점을 알려 주고 재료를 나누어 주었다. 아이들이 할 일은 염색 후에 나올 무늬를 생각하여 천 중간중간을 고무줄로 꽁꽁 묶는 일이다. 고무줄로 묶인 부분이 물이 안 들어 흰색으로 남아 무늬가 된다. 그야말로 세상에서 딱 하나뿐인 내 작품이니 서로 잘하려고 기를 쓴다. 평소에는 건성건성, 대강대강이 체질에 맞던 남자아이들도 여간 공을 들이는 것이 아니다.

재희는 귀로만 듣지 않고 이렇게 직접 손으로 하는 공부를 더 좋아한다. 실무원 선생님도 재희의 의견을 물어 가며 어떻게 하는지 가르쳐 주시느라 바쁘시다. 재희는 연방 "아, 재밌다. 정말 재밌다."라며 웃는다. 재희의 웃음소리를 듣고 있자면 우리 모두 기분이 좋아진다. 우리에게 별것 아닌 것이 재희에게는 정말 별 거다. 내가 재희와 같은 마음이었다면 너무 웃어서 아마 입이 하마같이 커졌을 거다. 재희는 행복한 마음으로 보고 생각하는 것을 가르쳐 주려고 우리 반에 온 것 같다.

물감에 담겨 있던 손수건을 빨아서 사물함에 널어 적당히 말려서는 다리미로 하나씩 하나씩 다려 주었다. 구겨져 있으면 아무래도 덜 예뻐 보이니까. 아이들은 자기가 만든 거라고 조심조심 접어서 가방에 넣는다. 그러면서 부러워한다.

"재희가 제일 예쁘게 만들었어!"

사실은 실무원 선생님이 함께 하셨으니 그런 거다. 하지만 누구도 그런 말은 없다. 있는 그대로 샘내지 않고 재희를 칭찬해 주는 아이들의 목소리가 하루의 피로를 싹 잊게 해 주는 나의 피로회복제다. 이렇게 좋은 것을 공짜로 받았으니 나는 또 아이들에게 무엇으로 보답하나?

행복한 선물

재희가 도움반에서 우리 반 친구들에게 줄 쿠키를 만들었다. 도움반 선생님께서 쿠키 만드는 자격증을 가지고 계셔서인지 내가 빵집에서 사 보았던 어떤 쿠키보다도 더 쿠키답게 보였다. 돈 받고 팔아도 될 만큼 모양도 완벽한.

재희가 도움반에서 쿠키를 만들 거라는 소식을 들은 아이들은 며칠 전부터 도움반에서 올라올 쿠키를 기다리고 있었다. 그리고 오늘 실무원 선생님이 쿠키 바구니를 가지고 오셨을 때는 행복한 환성을 질렀다. 와아!

재희 어머니께서 쿠키와 함께 먹으라고 시간에 맞추어 음료수를 보내 주셨다. 재희 어머니의 마음을 알기에 거절하지 못했다. 그리고 우리 아이들은 그걸 먹을 자격이 있다는 생각도 함께 들었다. 대가를 바라고 한 일은 아니지만 한 학기 동안 정말 내가 감동할 만큼 재희에게 예쁜 마음을 보내 주었으니까.

쿠키와 음료수로 우리는 행복한 파티를 했다. 재희가 직접 쿠키를 나누어 주었다. 아이들은 재희에게 고맙다고 말했고 재희는 연신 웃음으로 답했다.

쿠키는 맛있었고 우리들은 행복했다.

울지 마, 재희야

5교시 과학 시간, 요즘 인체에 대해 바쁘게 진도를 나가고 있다. 매 시간이 다 중요한 내용이라 매일 공책 정리를 한다. 재희도 실무원 선생님과 내 설명을 듣고 있다가 아이들이 공책 정리하는 시간에는 중요한 내용을 공책에 반복하여 적는 연습을 한다.

그런데 갑자기

"어~~~~~~~어엉, 어~~~~~~~어엉."

통곡 소리가 났다. 재희가 울기 시작했는데 실무원 선생님이 아무리 달래도 울음을 그치지 않는다. 재희가 왜 우는 거냐고 실무원 선생님께 물으니 모르겠다고 하신다. 우리 반은 모두 당황했다. 야단을 치지도 않았고, 누가 괴롭힌 것도 아닌데 왜 우는 것일까?

재희에게 가서 안아 주며,

"울지 마, 재희야. 이제 알림장만 적고 6교시는 무용 연습하러 갈 거야."라고 말했다.

어, 그런데 이게 웬일인가? 울음소리가 더 커졌다. 우리가 쩔쩔매고 있는 동안 옆 반 선생님은 우리 교실에서 무슨 일이 일어났는지 아시고는 수업하다 말고 오셨다 가신다.

거의 수업이 끝나갈 시간이었으니 망정이지 시작하는 시간이었으면 큰일 날 뻔했다. 재희가 우는 가운데 우리는 알림장을 적고 강당으로 갔다. 재희는 실무원 선생님께서 달래서 데려오시기로 하고.

강당에 가서 무용 연습이 시작되었는데도 재희가 보이지 않았다. 나중에 10분 정도 지나니까 실무원 선생님과 함께 들어왔다. 눈은 빨개지고 부어 있었다.

연습이 끝난 후 실무원 선생님께 얘기를 들으니 이유 없는 울음이 아니었다. 오늘 급식에 나온 포도가 첫 번째 이유, 바른 글씨가 두 번째 이유, 무용 연습이 세 번째 이유였다. 오늘은 세 가지나 재희를 속상하게 만들었던 것이다.

점심시간에 도움반에서 밥을 먹는데 후식으로 나온 포도를 먹는 것이 재희에게는 너무나도 힘들었다. 아직까지 포도를 한 번도 먹어 보지 않았단다. 그러니 입에 넣어서 껍질을 벗기는 것도 힘든데 씨를 빼는 것은 더 어려워서 포도알을 그냥 뱉어 놓더란다. 그래서 실무원 선생님이 씨를 꼭 뱉지 않아도 되니 포도알을 그냥 삼켜 보라고 하셨는데, 재희가 포도를 다 먹으면서 표정이 안 좋았다는 것이다. 그 일로 벌써 기분이 나빠져 있는 데다, 글씨를 쓰기 싫은데 바르게 써야 한다고 하니 그게 또 싫었던 것이다. 엎친 데 덮친 격으로 울고 있는 재희에게 재희가 힘들어하는 무용을 하러 갈 거라고 위로를 했으니 재희는 울음을 그칠 수가 없었던 것이다.

우리가 연습하는 무용이 재희에게 좀 힘겹기는 하다. 하지만 재희가 워낙 밝은 표정으로 참여해서 내가 눈치를 못 챘다. 답답한 마음을 아무도 몰라주니 서럽게 펑펑 울 수밖에……. 재희는 울 땐 엄청 서럽게 운다. 그리고 다 울어야 그친다. 이럴 땐 난감하다. 우리가 그냥 지나친 일들을 돌이켜 곰똘히 생각해야만 겨우 이유를 알게 되어서 시간이 많이 걸리기 때문이다. 에고, 시원하게 말 못하는 재희 속은 오죽할까?

상 담

지난 1학기 초에는 내가 시간을 까먹어서 통합학급 간담회에 참석을 못했다. 지나고 나서야 그 사실을 알고는 재희 어머니께 얼마나 죄송하던지 이번에는 달력에 적어 놓고 확인하고 또 확인했다.

매번 겨우 지각을 면하는 내가 5분이나 일찍 가서 일등을 했다. 일등 한다고 지난번 실수를 만회할 수는 없지만 이렇게라도 해야 내 마음에 위로가 된다.

전체 간담회가 끝난 후 재희 어머니와 개별 상담을 했다. 재희가 반에서 공부할 때 잘 못 따라가서 힘들어하냐고 물으셨다. 나는 재희가 공부 내용을 이해하지는 못하지만 아이들에게 방해가 되는 일은 하지 않는다고 말씀드렸다. 어제 재희가 울었다니 뭐 힘든 공부를 시켜서 그런 건 아닌가 생각하신 것 같다. 어려운 국어와 수학을 공부할 때는 재희 것으로 준비한 쉬운 문제를 풀고, 사회나 과학 과목의 정리를 할 때는 중요한 단어를 반복해서 적는 연습을 한다고 말씀드렸다. 다른 예체능 과목은 아이들이랑 똑같은 활동을 한다고도 덧붙였다. 그리고 나는 용기를 내어 말씀드렸다.

"학년 초에는 저도 재희에게 무얼 가르쳐 줄까를 많이 고민했습니다. 하지만 지금은 그렇지 않습니다. 제 목표는 재희가 무엇 하나 더 쓰고 읽는 것보다 우리 반 아이들과 어울려 행복하게 사는 것입니다."

재희 어머니도 밝게 웃으시면서 자신도 그렇게 생각한다고 하셨다. 마음이 가벼워졌다. 늘 재희에게 무얼 가르쳐 주지 못하는 것 때문에 마음이 무거웠는데 이젠 안 그래도 된다. 즐거운 마음으로 재희에게 말 한마디 건네주고 웃어 주면 된다. 그다음은 우리 반 친구들이 다 알아서 해 준다. 재희가 울면 몰려가서 달래 주고, 재희가 눈에 띄지 않으면 궁금해한다. 내가 재희를 소중하게 여겨 주면 아이들도 저절로 소중하게 생각해 준다. 이유는 모른다. 하지만 내 경험에 의하면 그건 진리다.

나는 재희를 나에게 맡겨 주고 믿어 주시니 고맙고, 재희 어머니는 내가 까다롭지 않고 편한 성격이라 좋다고 하신다. 재희 어머니와 나는 서로 고마운 사이다.

할 수 있어요

이번 운동회에서 우리 아이들은 개인 달리기, 물총 쏘기 게임, 퓨전 부채춤, 새천년 체조를 했다. 다양한 종목이라 아이들에게도 더 의미가 있겠지만, 가을인데도 유난히 뜨거운 땡볕 아래서 한 달 동안 거의 매일 연습을 해야 했다.

재희도 연습에 다 참여했다. 부채춤은 어려워서 재희가 부분 동작을 완벽하게 하지는 못하지만 실무원 선생님의 도움을 받아 열심히 연습했다. 나는 재희가 다른 아이들이랑 똑같이 연습했으니 운동회 때도 당연히 아이들과 함께 발표해야 한다고 생각했다. 하지만 재희 어머니는 생각이 다르셨다. 재희가 다른 아이들 틈에서 장애학생으로 더욱 돋보이는 것이 싫으셨던 것이다. 나는 재희 어머니께 말씀드렸다.

"전 재희가 전혀 부끄럽지 않습니다. 다만 일반아이들과 다른 것이라고 생각합니다. 어차피 재희는 일반아이들과 함께 살아가야 합니다. 일반아이들도 자신들과 다른 사람들이 이 세상에 함께 살고 있다는 것을 알아야 합니다."

그래서 재희는 오늘 한복을 입고 족두리도 쓰고 무용을 했다. 재희 어머니께서 우려하시는 그런 일은 일어나지 않았다. 재희는 물총 게임도 하고, 다른 아이들보다 한참 앞서서 시작했지만 달리기도 함께 했다. 재희는 하루 종일 웃고 있었다. 내가 뭘 물어도 웃고, 아이들이 장난을 걸어도 웃었다.

만약 다음에 또 이런 상황이 와도 나는 이런 선택을 할 거다. 아마 지금쯤은 재희 어머니도 재희를 자랑스럽게 생각하시고 계실 거다.

재희 어머니께 재희가 어머니를 닮아서 밝고 명랑한 것 같다고 말씀드린 적이 있다. 재희를 키우시느라 힘드셨을 텐데도 항상 웃으시는 모습이 보기 좋다. 어머니께서 그러셨다. 오히려 재희가 더 기쁨을 준다고, 재희가 있어서 웃는다고.

재희 어머니, 오늘도 재희가 어머니께 기쁨 드린 것 맞죠?

행운의 네잎 클로버

이것은 학부모님들께 보낸 편지글이다.

우리 반은 다른 반과 다른 점이 있는 반입니다. 선생님이 다르고 학생이 다르고 분위기가 다른, 이런 일반적인 것들과는 구별되는 다름입니다. 우리 반에는 장애학생이 있습니다. 장애를 가졌기에 우리에게 너무나 소중한 아이입니다. 이름은 서재희, 밝고 귀여운 여자아이입니다. 네잎 클로버를 생각해 보십시오. 정상적인 세잎 클로버들에 비해서는 생소한 것이지만, 사람들은 그것을 행운이라고 믿으며 찾고 심지어는 책갈피나 수첩에 넣어 늘 가지고 다니기도 합니다. 그리고 네잎 클로버 때문에 목숨을 건졌다는 전설적인 실화들이 실제로 존재하기도 합니다. 실제로 클로버 세계에서는 돌연변이인데 말입니다. 재희는 우리 반의 네잎 클로버 같은 아이입니다. 우리가 느끼지 못하는 사이에 행운을 선사하는, 우리가 모르는 사이에 우리에게 주어진 선물 같은 존재지요. 많은 부모님들은 아마 '왜?'라고 물으실 겁니다. 다른 아이들이 돌보아 주고 배려해 주어야 하는 대상인데, 선물이라는 말은 너무 지나치지 않냐고 생각하실 분들도 계실 것입니다. 맞습니다. 학기 초 첫날부터 도우미 친구들을 정해서 화장실도 데려다 주고 알림장도 대신 적어 주고 있습니다. 저는 그래도 재희가 우리에게 주어진 선물이라는 증거를 다 말씀드릴 수 없을 만큼 많이 찾아냈습니다.

첫째, 재희는 우리가 감사할 수 있게 해 줍니다. 재희를 보고 있으면 우리가 무엇을 감사해야 하는지 알 수 있습니다. 화장실에 혼자 갈 수 있는 것, 혼자 학교에 다닐 수 있는 것, 친구들과 함께 이야기하며 친구를 사귈 수 있는 것 등 우리가 누리는 모든 것이 우리만이 누릴 수 있는 특권이었다는 것을 깨달을 수 있게 된다는 것입니다. 다른 사람의 어려움을 보고 나에게 주어진 것에 감사한다는 것이 아주 저속한 마음이라는 것도 압니다. 하지만 우리 아이들은 자신들의 어려움이나 불만에 갇혀서, 이미 가지고 있는 소중한 것들에 대한 가치를 모르며 살고 있습니다. 사실 따져 보면 너무 많이 가지고 있는 것에 날마다 감사해야 하는데 말이지요.

둘째, 재희는 우리 자신을 소중한 존재로 느끼게 해 줍니다. 때로는 공부를 못하기 때문에, 또는 사교성이 좋지 않아서, 얼굴이 예쁘지 않아서 친구들이나 선생님이 나를 소중하게 생각하지 않을 거라고 여기는 친구들이 있습니다. 하지만 재희는 이런저런 조건에 상관

없이 우리 반 친구들을 다 좋아합니다. 한번은 이런 일이 있었습니다. 재희는 대부분 9시가 거의 다 되어서야 교실에 옵니다. 부모님이 도움반에 데려다 주시면 실무원 선생님이 다른 3학년 아이와 함께 교실로 데리고 오십니다. 그런데 어느 날은 복도에서 갑자기 울음소리가 들렸습니다. 저와 아이들은 당장 재희의 울음소리인 것을 알았습니다. 제가 문을 열고 복도에 나가니 재희가 엉엉 울고 있었습니다. 실무원 선생님 말씀이 3학년 아이 반에 먼저 들렀는데 아이들이 어학실에 갔는지 아무도 교실에 없더랍니다. 그때부터 재희가 울기 시작했는데, 이유는 우리 반에 갔는데 친구들과 선생님이 없으면 어떡하냐는 것이었습니다. 그 순간 제가 얼마나 행복했을지 이해가 안 가실 겁니다. 아이는 울고 있는데 선생님이 행복하다니 무정하다 하실 겁니다. 하지만 저는 달랐습니다. 어떤 사람으로부터 이렇게 울 만큼 소중히 여김을 받고 있다는 것이 너무나 행복했습니다. "재희야, 울지 마. 선생님하고 친구들은 재희 두고 어디 안 가. 걱정 마. 들어가자."라고 말해 주니, 그제야 재희는 울음을 그쳤고 교실에 들어와 자리에 앉았습니다. 아이들에게도 "재희가 선생님하고 친구들 없을까봐 울었대." 하고 얘기해 주니 다들 흐뭇해하는 표정이었습니다. 저는 감히 그 느낌을 행복이라고 부르겠습니다.

셋째, 재희는 우리 반 아이들의 아름다운 마음을 표현하게 하는 원동력입니다. 재희는 우리 반 모든 아이들의 동생입니다. 물론 나이는 같은데 동생처럼 여기는 게 뭐가 좋냐고 하시면 드릴 말씀이 없습니다. 하지만 동생에게 양보하고 돌보아 주는 것이 언니와 형이 하는 일이라는 것을 배울 기회가 없었던 외동인 친구들도 우리 반에 있습니다. 그리고 동생이 있어도 사이가 좋지 않아서 동생에게 좋지 않은 감정을 가지고 있는 아이들도 있습니다. 재희는 친구들이 가르쳐 주면 잘 듣고 배우려 합니다. 그러니까 가르쳐 주는 아이들도 신나서 재미있게 가르치려고 합니다. 물론 재희가 아이들이 가르쳐 주는 대로 빨리 배우지 못합니다. 그래도 아이들은 화도 내지 않고 다시 가르쳐 줍니다. 만약 재희가 없었다면 아이들이 이런 좋은 면을 가지고 있다는 것을 아무도 발견하지 못했을 것입니다. 그리고 요즘 애들은 양보를 모른다거나 인내심이 없다거나 하는 근거 없는 오해를 했을 겁니다. 재희 때문에 저는 아이들의 아름다운 마음을 매일 발견해 나가는 행운을 누립니다.

넷째, 사회생활에서 꼭 필요한 배려를 실천하게 해 줍니다. 재희를 이해할 수 있다면 학교생활에서 만나는 어떤 아이들도 다 이해할 수 있습니다. 사람들의 모습이 서로 다를 수 있다는 것, 그래서 그런 걸로 차별하거나 차별받지 않아야 한다는 것을 몸으로 배웁니다. 장애를 가진 것도 다른 모습 중의 하나라는 것을 알게 됩니다. 누구는 공부를 좋아하지 않고, 누구는 운동을 좋아하지 않고, 누구는 악기를 연주하기 싫어하고, 누구는 가만히 앉아 있기를 싫어하듯, 아이들은 각자 다른 모습을 가지고 있습니다. 그런 특징을 가진 아이들 중 한 명이 재희라는 것을 인정한다면 사회에 나가서 어떤 다름이 있는 사람을 만나도 이해하고 함께 살아갈 수 있다고 생각합니다.

다섯째, 장애학생과 일반학생이 함께 어울려서 살아가는 행복한 교실의 꿈을 우리가 이룰 수 있습니다. 어차피 우리 아이들이 살아가야 할 사회는 장애인들과 일반인들이 함께 사는 사회입니다. 우리는 먼저 그 사회에서 살게 되었으니 엄청난 재산을 얻게 되는 셈입니다. 교실에서 장애학생과 일반학생이 행복할 수 있다면, 사회에서도 그 꿈을 실현할 수 있지 않을까요?

지금까지 해 온 것처럼 앞으로도 우리들이 재희를 돌보아 주고 배려해 준다면, 재희도 우리에게 그 이상의 것을 선물해 줄 거라고 믿습니다. 우리는 눈으로 셀 수 없고 확인할 수 없는 것이 훨씬 소중하다는 것을 재희를 통해서 경험할 수 있게 될 것입니다. 부모님들께서도 이 기회를 통해서 우리 아이들의 마음이 넓어지고 생각이 깊어질 수 있도록 아이들이 가는 길에 현명한 길잡이가 되어 주시기를 바랍니다.

생각해 봐요

특수학급 선생님

요즘 '배려'라는 말을 많이 쓰는 것 같다. 사전에 보니 '배려'는 '남을 도와주거나 보살펴 주려고 마음을 쓰는 것'이라 한다. 통합학급 선생님을 위해 대안을 제시해 주는 근본적인 이유도 배려의 개념처럼 통합교육이 잘 이루어질 수 있도록 돕기 위함이다.

그러기 위해서 우리가 생각해 봐야 할 것은 통합학급 선생님뿐만 아니라 일반학교에서 근무하고 계시는 특수학급 선생님들에 대한 깊은 배려다. 왜냐하면 특수학급 선생님을 제외하고는 통합학급 선생님이나 장애학생들, 더 나아가서 일반학생들에게 통합교육의 효과면에서 도움이 되지 않기 때문이다. 그래서 여기서는 어떻게 하면 특수학급 선생님들의 고민과 어려움에 같이 동참하고 조금이나마 해결점을 찾으면서도 모두에게 유익할 수 있을지 알아보고자 한다.

나는 일반교사다. 특수교사가 특수학급 선생님에 대해 쓰면 더 잘 이해하고 좋은 대안도 알려 줄 수 있을 것이다. 그러나 일반교사의 자리에서 특수학급 선생님들을 위해 일반교사들과 학교 관리자들이 어떻게 '배려'를 해 줄 수 있을지 고민해 보는 것도 뜻있는 일이다.

간지러운 곳이 있을 때 그 언저리만 긁어 주면 더 간지러울 것이다. 간지러운 곳을 정확하게 찾아 확실하게 긁어 준다면 얼마나 시원하겠는가? 상대방이 아주 시원하다고 하면 긁어 주는 사람도 무척 기분이 좋을 것이다. 내가 생각하는 진정한 배려란 이런 것이다.

우리 일반교사들을 포함한 학교 전체가 특수학급 선생님들의 간지러운 곳을 정확하게 찾아 시원하게 긁어 줄 수 있도록 노력하자. 그러면 교사, 학생, 학부모 모두 껄껄 웃을 수 있는 그런 통합학교를 만들 수 있을 것이다.

특수학급 선생님의 외로움

일반학교 안의 특수학급은 외로운 섬과 같다고 한다. 특수학급도 분명 학교의 학급 수에 포함되어 있지만 일반학급의 교육과정과 학교행사, 교사자격 등에서 다른 면이 있고, 교실도 다른 학년들처럼 순서대로 위치하고 있는 것이 아니라 특별실처럼 분리되어 있어서 그럴 것이다.

이렇게 외롭게 느껴지는 환경을 바꾸려면 특수학급 선생님들이 그 해당 학년에 소속감을 가지고 통합학급 선생님들과도 자주 만나면서 친하게 지내야 외롭지 않고 통합교육이 잘 이루어질 수 있다고 한다. 그런데 통합학급 선생님이나 일반교사들이 먼저 찾아가면 안 될까? 왜 특수학급 선생님이 먼저 찾아다니며 친분을 쌓기 위해 노력해야 하는 것일까? 외로운 사람이 있다면 그 사람 스스로 자기의 외로움을 극복하기 위해 적극적으로 나서는 것도 필요하지만, 다수의 다른 이들이 먼저 외로운 사람을 찾아가고 자주 만나서 외롭지 않도록 해 주는 것이 옳지 않을까? 스스로 외로움을 타는 경우도 있지만 우리가 외롭게 만든 것은 아닌지, 우리 때문에 외롭게 되어 특수학급이 섬과 같다고 말하는 것은 아닌지 고민해 봐야 한다.

특수학급 선생님들이 학교에서 외롭다는 느낌을 갖지 않도록 일반교사들이나 관리자, 특히 통합학급 선생님들이 조금이라도 배려해 줄 수 있는 것은 무엇일까?

첫째, 특수학급 선생님들이 같은 학년에 소속감을 확실히 가질 수 있도록 같은 학년 선생님들이 적극적으로 나서자. 우선 특수학급 선생님이 몰라서 학년 협의 시간에 참석하지 못하는 일이 없도록 학년 부장 선생님이 인터폰이나 팝업으로 꼭 연락을 해야 한다. 학년 부장 선생님이 바쁘면 학년 내에서 친목 도모를 담당하는 선생님이 잘 챙겨 드리자.

그리고 학년의 화목한 분위기를 조성하기 위해서 학년 부장 선생님의 역할이 참 중요한데, 학년 전달사항이나 학교 전체 일정도 특수학급 선생님이 참고할 만한 것에 대해서는 꼭 연락을 해야 한다. 특수학급 선생님한테 직접 필요한 내용은 아니더라도 학년에서 어떤 내용으로 의견을 주고받는지 알 수 있도록 팝업을 보낼 때 같이 보내야 한다. 불필요한 것 같지만 이것이 같은 학년이라는 소속감을 서로 가질 수 있도록 해 주는 연결고리가 될 수 있다.

전체 직원 협의 시간에도 특수학급 선생님이 같은 학년 선생님들과 떨어져서 다른 곳에 앉지 않도록 자리를 마련해 두어야 한다. 이는 학년 협의 시간도 마찬가지다. 그리고 학년 협의를 할 때 학년 연수실에서 하는 것도 좋지만 가끔은 특수학급에 모여서 해 보는 것도 좋을 것이다.

둘째, 통합학급 선생님들이 특수학급에 먼저 찾아가야 한다. 장애학생은 특수학급에서 정말 많은 도움을 받지만 분명 통합학급에도 소속되어 있는 학생이다. 따라서 특수학급 선생님들이 통합학급 선생님들을 만나서 인간관계를 잘 맺도록 하고 장애학생에 대해서 알려 주려고 하는 것도 중요하다. 하지만 통합학급 선생님들이 먼저 나서서 자신이 맡게 된 장애학생에 대해 더 알기 위해, 그리고 어떻게 하면 도움을 줄 수 있는지 배우기 위해 특수학급 선생님을 찾아가서 조언을 받고 의견을 나누는 것도 꼭 필요하다. 통합학급에 속한 장애학생이 우리 반에서 정말 소중한 존재라는 생각을 가진다면 그렇게 할 수 있다.

특수학급 선생님의 업무 고충

특수학급 선생님들이 처리해야 할 공문의 양이 예전보다 더 늘어나는 것 같다. 그래서 특수학급을 하나의 특수학교라고도 한다. 그만큼 처리해야 할 공문이 많다는 것이다. 다른 직종도 비슷하겠지만 학교도 모든 일들이 말로만 되어서는 안 되고 모든 것이 문서화되어 있어야 한다.

예를 들어 수학여행 같은 행사를 한 번 치르려면 10번 정도의 내부 결재 및 공문 발송을 해야 한다. 근거 서류를 남겨 두어야 학교평가나 감사 등을 받을 때 제시할 수 있기 때문이다. 요즘은 업무 경감을 위해 많은 부분이 전산화되어서 편리한 부분도 있지만, 컴퓨터에 의존하다 보니 다른 일들이 더 생기고 더 바빠지는 경우도 많다.

아무튼 이런 현실 속에서 특수학급 선생님이 처리해야 할 업무가 많은 것이 사실이다. 특수학급 선생님한테는 특수교육에 관한 업무만 주어야 한다. 학교에 교직원 수가 적거나 남자교사가 적다고 해서 특수교육 선생님들에게 다른 학교 업무까지 배정해 주면 안 된다. 일반학급 선생님들도 담임 업무, 학년 업무, 학교 업무를 맡고 있으니 특수학급 선생님도 특수학급 담임으로서의 업무, 학년 업무, 학교 업무를 맡아야 한다고 주장하는 경우도 있다. 그러나 이것은 잘못되었다. 일반학급의 담임 업무와 특수학급의 담임 업무가 같지 않다. 어느 일반학급 선생님이 학급 일로 특수학급 선생님처럼 그렇게 많은 공문처리를 하겠는가? 어떤 사람들은 소속감을 가질 수 있도록 하기 위해 다른 학교 업무를 조금 준다고 하지만, 소속감은 다른 곳에서도 찾을 수 있다.

단, 학년 업무는 힘들지 않은 것으로 나누어서 맡았으면 한다. 학년 체제로 움직이는 일반학교에서 학년 업무를 맡아서 할 필요가 있다고 본다.

특수학급 선생님의 업무 분장에 대해 또 생각해 봐야 할 것이 있다. 요즘 현장에서는 방과후학교 프로그램을 더욱 활성화하기 위해 방과후학교 업무를 담당하는 부서를 이름에 '방과후'라는 단어를 넣어서 만들어야 한다는 이야기도 있다. 그만큼 방과후학교 운영에 관한 일반교사들의 업무가 중요해지고 많아졌기 때문이다. 이처럼 최근 일반학교에서 통합교육에 관한 비중이 커지면서 통합교육부를 만들어야 되는 것이 아니냐고 말하는 경우도 있다. 부서가 새롭게 생기면 더 업무량이 많아지고 학생들을 가르치는 데 소홀해지지 않을까 걱정할 수도 있다. 하지만 일반학교 내에 통합교육부가 생긴다면 학교경영계획을 세울 때 소수의 장애학생을 더 배려해 줄 수 있지 않을까 기대해 볼 수도 있다.

통합교육을 더 지향하는 방향으로 나아가게 되어 지역의 장애학생들이 일반학교로 점점 더 많이 들어오게 되는 것이 사실이라면, 성공적인 통합학교를 만들어 가기 위해서라도 부서가 조직되었으면 한다. 이름은 '통합교육부'로 하든지 '특수교육부'로 하든지 적합한 것으로 정해서 업무 분장을 새롭게 했으면 한다. 그러기 위해서는 기존에 있는 업무 부서를 통폐합하거나 업무량을 경감하는 조치가 먼저 취해져야 한다. 특수학급이 없는 학교나 심지어 장애학생이 없는 학교도 당연히 만들 수 있고 만들어야 한다. 손님이 온 뒤에야 준비를 시작하는 식당은 실패할 수밖에 없다. 손님이 오기 전에 온갖 준비를 해 놓고 있으면 손님들이 오더라도 얼마든지 성공적으로 맞이할 수 있기 때문이다.

일반학교에 통합교육부가 만들어진다면 특수학급 선생님이 반드시 부장을 맡도록 해야 한다. 그리고 통합학급 선생님들이 부원이 될 수 있다. 그렇게 해서 특수학급 선생님 혼자 해결해야 할 업무량도 나누어서 할 수 있어야 한다. 이렇게 통합교육부장이 임명되고 부장을 중심으로 업무계획을 세워 추진한다면, 특수학급 선생님들도 학교운영에 주류로 참여하게 되어 소속감도 가질 수 있고 통합교육의 질도 향상될 수 있지 않을까 생각한다.

특수학급 선생님의 성과급

말도 많고 탈도 많은 성과급에 관하여 고민해 보고자 하니 사실 굉장히 조심스럽다. 하지만 현장에서 시행되고 있는 일이니 함께 생각해 봐야 한다. 특수학급 선생님들 가운데 특수학교를 더 선호하여 일반학교에서 다른 특수학교로 나가려고 하는 경우가 있다. 특수학교에서 가르치는 장애학생이 특수학급의 장애학생보다 가르치기 더 어려울 수는 있어도 특수교사들은 가르치는 데는 전문가이므로 이에 대해 크게 염려하지 않는다.

일반교사들도 남자교사가 비율이 훨씬 적지만 특수학급도 마찬가지다. 특수학급을 담임하고 있는 남자교사의 비율이 적으며 특히 경력 있는 남자교사의 비율은 극히 적다. 남자교사일수록 특수학교로 더 들어가고자 한다. 그래서 제도적으로 공립 특수학교로만 계속 전근을 다닐 수 없고 일정 기간이 지나면 다시 일반학교의 특수학급으로 나와야 한다고 한다.

왜 이런 현상이 생기는 것일까? 이 글의 처음 부분에서도 말한 것처럼 특수학급 선생님들에 대한 배려가 부족했기 때문은 아닐까? 정말 제대로 된 통합교육의 실천과 통합학급에 대한 지원을 이루어 내기 위해서는 특수학급 선생님들이 서로 신바람 나게 특수학급을 맡으려고 하는 대안이 있어야 하는데 그것이 부족해서 그런 것은 아닐까?

이런 현상의 중심에 성과급 문제가 있다고 본다. 일반학교 내의 특수학급 선생님들은 좀처럼 성과급에서 S등급을 받을 수 없다. 보통 성과급 기준안을 정할 때 부장경력이 크게 작용하는데, 우선 특수학급 선생님들 대부분은 업무 부장이나 학년 부장을 할 수가 없으므로, 아무리 본인이 노력해도 구조적으로 받을 수 없는 것이다. 이를 해결하기 위해서는 앞에서 말했듯이 특수학급 선생님도 부장을 맡을 수 있도록 통합교육부나 특수교육부를 새롭게 만들었으면 좋겠다. 우격다짐으로 다른 업무 부장도 맡을 수는 있겠지만 전공을 살려서 할 수 있는 부서를 만들어야 한다.

한편 특수학급의 학년곤란도를 6학년과 같이 고려하는 경우가 있다. 예전과 달리 6학년이 힘들어서 서로 맡기를 꺼리는 경우가 많아서 성과급 기준안에서 높은 점수를 주는 경우도 있는데, 특수학급도 6학년에 준하는 것이 올바른 것 같다.

또한 통합학급을 맡았을 때와 맡지 않았을 때도 점수 차이가 있는 경우가 있다. 이때 특수학급 담임 선생님은 어느 쪽에 속해야 할까? 당연히 통합학급을 맡고 있는 쪽에 넣어야 한다. 왜냐하면 장애학생이 통합학급에도 있지만 특수학급에도 있기 때문이다. 통합학급은 일반학생도 있고 장애학생도 있어서 가산점을 주지만, 특수학급은 일반학생은 없고 장애학생만 있으므로 가산점을 더 줄 필요는 없다고 말할 수도 있다. 하지만 특수학급 선생님들이 장애학생에게 하는 헌신을 생각한다면 당연히 받을 수 있도록 해야 한다. 특수학급 선생님들도 학년 협의 때 이런 내용을 이야기해야 하며, 가능하다면 성과급 기준안 선정위원회도 들어가서 입장을 이야기할 필요가 있다.

근무성적평정(근평) 문제도 이와 비슷할 것이다. 특수학급을 계속 담임하면서 뜻이 있어 교육전문직이나 관리직으로 나가려고 해도 어려움이 있다. 초등학교의 경우 교대를 나온 분들이 대부분이어서 전공이 다른 특수학급 담임 선생님이 일반학교에서 교무부장이나 연구부장을 하는 것은 정말 어렵다. 그렇게 되면 근평에 관한 문제는 더 생각해 볼 것도 없다. 현재 시스템에서는 특수교육전공 선생님들이 성과급과 근평을 잘 받기 위해서는 일반학교 특수학급이 아니라 공립 특수학교에 가서 부장을 해야만 한다. 특수학교나 시·도교육청, 특수교육 관리직이나 전문직 분야에 사범대학 특수교육과를 졸업한 선생님들이 늘어나고 있다. 이제 일반학교의 특수학급 선생님들이 원한다면 동등하게 기회를 주어야 한다.

장애학생과 일반학생의 통합교육에 어려움이 있는 것처럼 성공적인 통합교육을 이루어 내기 위해서 특수교사와 일반교사의 통합이 중요한데, 서로에 대한 배려가 부족해서 통합교육의 빛이 더 약해지지 않을지 염려스럽다. 일반교사들, 특히 통합학급 선생님들이 장애학생에 대해 책임의식을 가지고 특수학급 선생님들과 함께 모든 학생들이 하나로 어울려 행복하게 살아가는 학교를 만드는 데 발 벗고 나서자.

서로가 서로를 배려해 주는 우리 모두의 노력을 밑거름 삼아 통합교육의 꽃이 활짝 피어나 그 아름다운 모습과 향기가 온 세상에 전해지기를 기대한다.

경빈이

도움반에서 공부하는 경빈이

교실에서 공책 내고 들어가다가
의자 뒤에 걸려 있는
손미림 책가방이 벗겨졌다

두 손으로
책가방 다시 걸어 주고
미림이 보고 씨이익 웃는다

맑고 착한
경빈이 마음

우리가 배워야 한다

따뜻한 웃음

우리 반에
내가 좋아하는 아이 있다
박기정
공부 잘 못한다
사부작거린다
말 많다

하지만
늘 밝은 얼굴 웃는 얼굴이다
웃는 낯에 침 뱉으랴는 속담
딱 어울리는 아이

오늘은
커터칼 가지고 장난치다가
야단맞고 책상에 엎드려 울었다
여리고 약하다
앞으로 그러지 말라고 말하고
칼 다시 줬다
조금 뒤 웃음 다시 찾았다

이뻐서 과자 한 쪽 주면
그거 꼭 반 나눠
여자 짝꿍한테 준다

기정아
커서도 따뜻한 웃음 잃지 말고
많은 이웃들한테 나눠 주는
착한 사람 되거라!

이야기 넷

담임 정하기

새로운 6학년에는 장애학생이 두 명이 있다. 6학년이 모두 네 학급이다. 학년 담임을 정하는 첫날이다. 지체장애 학생이 한 명 있고 지적장애 학생이 한 명 있다. 지체장애 학생은 인지능력은 괜찮고 재활을 위해 수영을 다닌다고 한다. 그 학생은 학년 부장 선생님이 맡는다고 하셨다.

나머지 한 명의 담임을 정하는 시간. "통합학급이 필요하시거나 맡으실 분 계신가요?" 했는데 잠시 침묵이 흐른다. 담임 선생님 세 명 가운데 한 사람이 맡아야 한다. 모두 통합학급 점수가 필요 없는 분들인가 보다. 그렇지 않다면 미리 점수가 필요한 사람들에게 배정되거나 서로 맡겠다고 할 텐데……. 다시 한 번 질문이 던져진다. "필요하시거나 맡으실 분 안 계신가요?" 짧은 침묵이었는데 이러다가 제비뽑기를 할지도 모르겠다는 생각이 들었다. 그래서 내가 말했다.
"저는 필요하지는 않지만 맡으실 분 안 계시면 제가 맡겠습니다."

이렇게 해서 내가 준식이의 담임이 되었다. 통합교육에 대해 늘 생각하고 있지만 통합학급을 담임한다는 것이 늘 두렵다. 그래도 가야 할 길이므로 가 보려고 한다.

두렵기도 하지만 늘 그렇지는 않다는 것을 알고는 있다. 자, 이제 시작이다. 일어나 다시 걸어가 보자.

준식이와의 만남

아침에 교실 문을 두드린다. 준식이 어머니와 준식이가 왔다. 한 해 동안 잘 부탁드린다는 짧은 말씀이 있었다. 저도 담임으로서 잘해 보겠다고 말씀드렸다. 교실에 오니 준식이가 나한테 한 첫말, “잠바 벗어?” 였다. 그래서 나는 잠바 벗자고 했다. 실무원 선생님께서 들어오시기 때문에 준식이는 복도 쪽 분단 맨 앞자리로 배정을 했다. 준식이 자리가 이렇게 정해진 것에 대해 다른 아이들에게도 이야기를 해 주었다.

진단평가

진단평가를 보는 날이다. 준식이는 어떻게 할까? 학년에서는 특수학생이 시험 시간에 함께 있는 것이 시험에 방해가 될 수도 있고 일반학생들 쪽에서 민원이 발생할 수도 있으니 도움반으로 보내면 어떻겠냐고 한다. 하지만 무조건 내려보낸다면 그것도 차별일 것이다. 도움반 선생님께서는 시험 방해 행동이 심한 경우라면 내려보내면 되지만, 그렇지 않다면 같이 시험을 보는 것도 중요하다고 하신다. 그래서 1교시에서 3교시까지는 교실에서 아이들과 같이 시험을 봤다. 준식이가 크게 말하거나 돌아다니거나 하지 않았다. 아이들한테도 준식이가 심한 행동을 하지 않는다면 시험을 같이 보게 하겠다고 미리 말했다. OMR 답안지에 학교번호, 학교명, 학년, 반, 번호, 이름을 쓰고 사인펜으로 색칠하는 것을 준식이와 같이 했다. 어느 칸에 색칠을 해야 하는지 질문을 하면 자기가 찾아서 원하는 번호에 칠한다. 담임이 무조건 색칠해 주는 것보다 학생이 천천히 찾아서 표시할 수 있게 해 주니 좋다. 4교시는 실무원 선생님께서 들어오셔서 답안지 표시하는 것을 같이 해 주셨다. 5교시 영어 시간에는 듣기평가가 있어서 예민한 상황이라 준식이는 도움반에 가서 시험을 봤다. 이렇게 해서 진단평가를 보는 것이 서로가 서로를 배려해 주며 지낸 시간이 된 것 같다.

도우미 친구들

준식이 도우미 친구 모둠을 정했다. 준식이 빼고 우리 반이 남자 열네 명, 여자 열한 명으로 총 스물다섯 명이다. 그래서 월요일은 여학생 다섯 명, 화요일은 여학생 여섯 명, 수요일은 남학생 다섯 명, 목요일은 남학생 다섯 명, 금요일은 남학생 네 명으로 하고, 각 모둠별로 모둠장을 한 명씩 정했다. 내가 아이들에게 말했다.

"여러분, 모두가 준식이한테 관심을 가져 주었으면 좋겠습니다. 그래서 일주일에 하루만이라도 자기가 맡은 날이 되면 준식이를 많이 도와주는 것보다도 먼저 준식이를 마음에 품고 생각하는 하루가 되었으면 합니다. 모둠장을 정했는데, 모둠장은 점심시간에 모둠원들 가운데 누가 놀아 주었고 누구는 딴 곳에 가 버렸고 관심도 없었고……. 그런 것은 선생님한테 이르지 마세요. 그저 점심시간에 준식이가 뭐뭐 했다고 말해 주면 됩니다. 억지로 하지는 마세요. 하루만이라도 학교에 와서 집에 갈 때까지 그 친구가 뭘 하고 있는지 여러분이 관심을 가져 주는 것, 그것이 가장 중요합니다."

도우미를 정하면서 서로 부담을 주거나 하면 오히려 안 좋은 기억으로 남을 수도 있을 것 같아 작게 시작해 보려고 한다. 아이들이 착해 보여서 좋다.

장래 희망

학기 초에 아동기초조사표를 나눠 준다. 거기에는 학생에 대해 알 수 있는 여러 가지 내용들을 부모님께서 쓰셔서 학교에 내는 것이다. 항목 가운데 학생의 특기 및 취미 그리고 자기가 바라는 장래 희망, 부모님이 바라는 장래 희망에 대해서 구체적으로 쓰게 되어 있다. 그리고 이 자료를 근거로 해서 생활기록부에 입력을 해야 한다. 반 아이들이 모두 잘 적어 왔다. 그런데 준식이는 다른 것은 다 써 왔는데 장래 희망이 빠져 있었다.

준식이가 할 수 있는 것이 많이 없어서 부모님께서 빈칸으로 그냥 두신 것 같아 마음이 짠했다. 준식이는 피아노를 곧잘 쳐서 취미 및 특기에는 피아노 치기를 입력했다. 그러고는 생활기록부에 나머지 부분을 입력해야 해서 준식이 어머님께 전화를 드렸다. 준식이만 장래 희망이 써 있지 않은데 담임 선생님이 마음대로 입력할 수도 없는 상황이고 반드시 입력을 해야 하는 것이니 준식이가 커서 뭐가 되고 싶다고 했는지 알려 달라고 했다. 준식이가 할 수 있는 것이 뭐가 있겠냐고 말씀하시다가 잠시 생각해 보시더니 준식이가 세탁소를 하고 싶다고 말한 때가 있다고 하셨다. 그 말씀을 듣고 나도 생각해 보니 준식이가 반듯하게 정리하는 것을 잘하고, 사물함 정리도 깔끔하게 하고, 책가방과 교과서 정리도 잘하고, 어떨 땐 담임 선생님 책상에 학습지가 삐뚤어져 있으면 바르게 돌려놓기도 했다.

그래서 세탁소 하면 정리를 잘할 것 같아 가능할 것 같다고 말씀드렸다. 어머님도 준식이 희망과 같다고 하셨다.

준식이가 가지고 있는 장점과 개성을 최대로 펼칠 수 있는 직업을 선택하여 우리 사회의 당당한 일꾼이 될 수 있도록 내가 더 노력하고 잘 가르쳐야겠다고 다짐해 보았다.

앞으로만 나와요

보통 보면 장애학생들은 또래 친구들에게 가거나 관심이 많은데 준식이는 어른에게 관심이 많다. 교실에서 어른인 나에게 관심이 많아서 앞으로 자주 나온다. "선생님." "선생님." 하고 계속 말하면서 때로는 머리에 뽀뽀도 하기에, '나야 뭐 괜찮지만 다른 학생, 특히 여학생한테는 하면 안 되는데…….'라는 걱정이 들었다. 준식이 어머니는 준식이가 어른에게 관심이 많아서 다른 곳에서도 그런다고 하셨다.

대답을 하거나 무시하거나 나오지 말고 들어가라고 하는 등 여러 가지 방법을 다 동원하는데도 자꾸 나온다. 준식이한테 나는 어떤 사람으로 느껴지고 있는 것일까?

집 뒤따라가기

준식이의 짝인 성준이한테 집에 갈 때 준식이와 같이 가라고 했다. 그리고 준식이 집과 같은 방향인 사람 있으면 집에 갈 때 같이 가고 올 때도 같이 오면 좋겠다고 했다. 준식이가 혼자 잘 다닌다고 하지만 그래도 걱정이 되고, 또 혼자 다니는 것이 보기에도 좋지 않은 것 같아 그렇게 말했다.

준식이가 집에 가는 길을 성준이와 같이 안 가려고 하기에, 그러면 혼자 가라고 했다. 담임 맡은 지 얼마 되지 않아서 진짜 집까지 잘 가는지 궁금함 반 걱정 반이었다. 복도에서부터 살짝 미행을 해 보았다. 준식이가 내가 뒤따라오는 것을 알고 자꾸 나한테 왔다. 그래서 선생님은 다른 곳에 간다고 말해 주고 어서 가라고 했다. 몇 번 뒤돌아보다가 다시 나를 보고, 또 안 가고 쫓아오고……. 몇 번을 반복하다가 내가 안 들키게 잘 숨었다. 준식이는 문을 나와서 횡단보도를 건너 집 쪽으로 혼자 아주 잘 간다. 담장 옆에 몰래 숨어 그 모습을 끝까지 보고 나니 안심이 되었다. 다른 아이들도 혼자 가고 싶다면 그렇게 하도록 둔다.

이제 사춘기가 다가오는 6학년 학생과 또래인 준식이도 집에 갈 때 누구랑 같이 가기 싫고 혼자 가고 싶다면 얼마든지 그렇게 해도 된다. 준식이 홧팅^&^

만능보드

아이들에게 6학년이니까 알림장을 쓰고 나면 검사는 잘 안 한다고 했다. 준식이만 검사를 받는다. 다 쓴 뒤 검사를 했다. 그리고 수업을 하다가 한 가지 빼먹은 것이 생각났다. 그것은 바로 종이모형을 만들기 위해 만능본드와 가위를 준비하라는 내용이었다. 아이들한테 집에 가기 전에 알림장을 꺼내 다시 쓰게 한 뒤 정리하고 종례를 마쳤다.

퇴근 무렵 준식이 어머니께 전화가 왔다. 알림장에 '만능보드'를 준비하라고 쓰여 있는데 '만능보드'가 뭔지 몰라서 전화하셨다고 한다. 아이쿠, 내가 실수를 한 것이다. 종이모형용 '만능본드'라고 아이들에게 실물도 보여 주고 설명도 해 주었는데 준식이가 '만능보드'로 잘못 썼고, 알림장을 다시 쓴 뒤 확인을 다시 했어야 하는데 못 한 것이다. 어머님께 죄송하다고 했다. 더욱 세심한 관심을 가져야겠다.

8자 마라톤

체육 시간에 아이들에게 긴 줄넘기를 가지고 8자 마라톤을 한다고 했다.

실무원 선생님이 안 계신 시간이어서 준식이가 걱정이 되었는데 줄도 잘 선다. 키가 큰 편이지만 내가 가까이 두려고 두 번째로 세웠는데 그냥 키에 맞게 서도 될 것 같아서 다시 줄을 세웠다. 장애학생이라고 해서 특별하게 대우받아야 할 까닭이 없어야 한다. 더욱더 일반아이들과 똑같이 해 주려고 노력해야 한다고 본다. 국민체조와 스트레칭을 하는데 곧잘 따라 한다. 이어서 운동장을 한 바퀴 뛰는데 준식이가 늦게 따라와서 모두 준식이 쪽으로 되돌아가서 준식이 뒤를 쫓아서 뛰었다. 두 번째로 돌 때는 파워워킹을 했다. 준식이가 빠르게 못 달리는 것 같아 자꾸 튀어 보여서 걷기를 하면 다른 아이들과 비슷해 보일 것 같았는데 역시 옳았다. 8자 마라톤을 하는데 준식이는 넘지를 못한다. 그렇다고 그냥 있을 수도 없어서 내가 손을 잡고 똑같이 넘었는데, 다만 우리가 넘을 때는 줄넘기를 돌리지 않게 했다. 멀리서 보면 줄넘기도 잘 보이지 않아서 마치 우리도 8자 마라톤에 잘 참여하는 것 같아 보일 것이다.

장애학생이 특별하게 보이지 않도록 프로그램을 진행한다면 서로에게 좋을 것이다. 오늘도 서로 같은 모습으로 지낸 것 같다.

물감

과학 상상화 그리기를 했다. 준식이가 도움반에 가 있는 동안 반 아이들이 그림을 그렸다.

5교시에 아이들이 학습지를 푸는 동안 준식이가 준비해 온 밑그림에 색칠하는 것을 봐주었다. 물감이 있는데 굳어져 잘 나오지 않아서 팔레트에 굳어 있는 물감을 썼다. 지금 물감이 굳어서 잘 나오지 않으니 엄마가 새로 준비해 주시도록 하자고 했다. 그런데 그때 갑자기 학습지를 풀고 있던 준식이 짝 성준이가 책가방에서 자기 물감을 휘익 꺼내 준다.

담임인 내가 성준이한테 물감 좀 빌려 달라고 말한 것도 아닌데 자기가 그냥 꺼내서 쓰라고 올려놓는다. 너무 기분이 좋아 비타500 두 병을 꺼내서 준식이와 서로 병 부딪는 소리가 나게 건배하고 마시게 했다. 다른 아이들에게도 선생님이 부탁한 것도 아닌데 성준이가 스스로 물감을 꺼내 준 것에 대해 말해 주었다. 성준이를 칭찬하면서 또 기분이 좋았다.

준식이를 생각해 주는 마음 착한 성준아! 고맙다.^^

쌀과자 1

준식이는 과자나 음료수에 관심이 많다. 수업 시간에 자꾸 돌아다니거나 친구들한테 가서 조금 귀찮게 하려고 할 때 내가 과자를 준다고 하면 자기 자리로 돌아와 잘 앉는다.

점심을 먹고 친구들이 먼저 운동장으로 나갔다. 준식이한테 쌀과자를 하나 주면서 철민이를 만나면 같이 나눠 먹으라고 했다. 쌀과자 한 봉지에 두 개가 들어 있는데 위에 것은 조각으로 잘라져 있고 뒤에 있는 것은 부서지지 않아서 뒤에 것은 준식이가 먹고 위에 것은 철민이를 주라고 했다. 그런데 점심시간에 행사 준비를 하느라고 강당에 다녀오니 내 책상 위에 쌀과자가 있는 것이다. 비닐은 뜯어져 있고 조각이 난 쌀과자가 하나 들어 있었다. 준식이가 쌀과자를 가지고 나가서 철민이를 찾았는데 보이지 않아서 쌀과자 비닐을 뜯고는 내가 먹으라고 했던 뒷부분만 자기가 먹고, 철민이 주라고 말한 쪽은 먹지 않고 그대로 교실로 가지고 와서 내 책상 위에 두고 나간 것이다. 자기가 다 먹을 수도 있었을 텐데……. 친구 것을 먹지 않고 내 책상에 둔 준식이, 그 마음이 예쁜 꽃보다 더 예쁘다. 아이들에게 말해 주니 아이들도 활짝 핀 목련처럼 웃는다. 기분 좋은 하루였다. 준식이 때문에.

비타500

준식이가 수업 시간에 잘 앉아 있지 않고 친구들한테 가거나 나한테 자꾸 나올 때가 있다. 자리에 바르게 앉아 있으면 비타500을 준다고 하니 자기 자리에 가서 앉았다. 그런데 지난번에도 비타500을 써 먹어서 자주 먹으면 안 좋을 것 같아 교사용 책상 안쪽에 숨겨 놓았다. 집에 갈 때 준식이가 비타500을 달라고 했다. 나는 없다고 했다. 다른 과자를 준다고 하니 비타500을 달라고 한다. 내가 또 없다고 말했는데 복도에서 교실 앞문으로 들어오더니 신기하게도 책상 안쪽에 숨겨 놓은 비타500을 찾는 것이다. 내가 숨기는 것을 언제 봤을까? 찾은 것이 신기하고도 기특해서 나하고 도우미 친구 철민이하고 준식이 이렇게 세 명이 조금씩 나눠 먹고 집에 갔다. 똑똑한 준식이!

쌀과자 2

잘하는 짓인지 모르겠지만 준식이를 집중시키려고 쌀과자를 준비했다. 큰 것 하나를 반으로 잘랐는데 정확하게 반이 아니라 다른 한쪽이 조금 더 컸다. 실무원 선생님께서 오셔서 옆에 앉으셔서 공부하는데 준식이에게 과자를 주면서 선생님께도 드리라고 했다. 준식이가 과자를 뚫어지게 쳐다본다. 큰 것과 작은 것 중 어느 것을 선생님께 드려야 할지 고민하는 것 같다. 잠시 뒤, 큰 것은 자기가 먹고 작은 것을 실무원 선생님께 드린다. 자기가 더 큰 것을 가지고 싶어 하는 준식이 마음이 다른 아이들에게도 웃음을 주는 귀여운 모습으로 비쳤다. 전혀 나쁘게 보이지 않는다. 왜 그럴까?

%(퍼센트)

사회 시간이다. 준식이는 책을 곧잘 읽는다. 그래서 준식이가 읽을 만한 내용이 들어 있는 페이지를 정해서 읽어 보라고 시켰다. 목소리 크기도 괜찮고 읽는 속도도 괜찮고 발음도 좋다. 내가 옆에서 지켜보고 있는데 내용 가운데 '70%'라는 것이 쓰여 있다. 준식이가 어떻게 읽을까 생각하고 있는데 '칠 십 퍼 센 트' 라고 정확하게 읽었다. 아이들이 모두 탄성을 질렀다. 나도 놀랐다. '%' 기호를 '퍼센트'라고 읽는 것을 모르고 있는 줄 알았던 것이다. 아이들의 능력을 함부로 과소평가하지 말아야 한다. 그것은 장애학생에게든 일반학생에게든 똑같다.

준식아, 오늘 참 잘했다.

핸드폰 협박

준식이가 자리에 잘 앉아 있지 않고 자꾸 나에게 나오려고 하거나 아침 책 읽기 시간에 돌아다니면서 특정 학생한테 자꾸 가려고 할 때가 많다. 그동안은 돌아다니지 말고 자리에 앉으라고 하거나 내가 쫓아가면 더 멀리 가려고 해서 겨우겨우 앉도록 지도했다. 그러다가 갑자기 핸드폰 생각이 떠올랐다. 핸드폰을 들고는 자리에 안 앉으면 엄마한테 전화한다고 했더니 후다닥 와서 자기 자리에 앉는 것이다. 아빠한테 전화한다고 할 때보다 엄마한테 전화한다고 할 때가 효과가 더 좋다.

지도하기에 수월하기는 한데 선의의 거짓말을 자꾸 해야 하니까 그것이 불편하기도 했고, 부모님이 많이 무서우신 것 같은데 준식이 마음에 자꾸 겁을 주는 것 같아 편치 않았다. 준식이 어머니와 통화

할 일이 있어서 말씀드렸더니, 집에서는 좀 엄하게 가르치신다면서 학교에서 다른 친구들 방해할 땐 엄마 얘기를 해도 된다고 하셨다. 뭐, 어머님께서 괜찮다고 하시니까 나도 괜찮은 것 같은데……. 조금 지도가 되는 것 같아 좋기도 하고, 그래도 왠지 모를 불편함과 미안함이 있다. 준식이는 이런 내 속을 알면 뭐라고 할까?

물티슈

교실 바닥이 더러워서 청소를 하기로 했다. 사물함에서 자기 물티슈를 꺼내서 맡은 곳을 깨끗하게 하는 것이다. 물티슈를 여러 장 바닥에 내려놓고 실내화를 신은 발로 뒤꿈치를 들고 앞꿈치로 꽉 눌러서 문지르면 깨끗이 닦인다. 준식이도 물티슈를 꺼내서 몇 장 내려놓고 닦도록 했다. 교실 전체가 시끌시끌한데 어느 한쪽이 아이들이 모여 있고 더 시끄러웠다. 왜 그런가 봤더니 지훈이가 자기 것을 다 써서 준식이 물티슈를 꺼내서 썼는데 성수가 지훈이에게 왜 준식이 것을 함부로 쓰느냐고 말한 것이다. 지훈이는 자기가 준식이한테 말하고 쓴다고 했다. 그 이야기를 듣고, 나는 말하고 썼으면 괜찮다고 말했다. 자기 의사 표현을 잘 못하는 장애학생 것이라고 해서 함부로 쓰지 않고 말을 꼭 하고 쓰는 지훈이, 혹시나 친구 것을 말도 안 하고 함부로 쓰지는 않는지 관심을 가지고 말하는 성수……. 모두 좋은 아이들이다. 이런 친구들과 같이 지내는 것이 준식이한테 복인 것 같다.

모 자

준식이는 모자를 쓰고 다닌다. 책가방 메고 모자를 꼭 잘 챙겨서 다닌다. 아침에 와도 모자를 책상 속에 잘 넣어 놓고, 집에 갈 때도 잘 챙긴다. 그런데 오늘 집에 갈 때 자기 모자가 없어졌다고 하는 것이다. 아침에 모자를 안 쓰고 온 것 같은데……. 나도 헷갈려서 아이들에게 물어보니 준식이가 오늘은 모자를 안 쓰고 왔다고 한다. "준식아, 너 오늘 모자 안 쓰고 와서 모자 없어."라고 말해도 자기는 모자를 쓰고 왔다는 것이다. 그러면서 갑자기 울먹울먹하더니 엄마한테 전화를 해 달라고 한다. 아무래도 모자 잃어버려서 혼날 것 같아서 그러는 모양이다. 틀림없이 모자 안 쓰고 온 것이 맞아서 전화 거는 척만 했다. 그러고는 모자를 안 쓰고 온 것이 맞다고 말해 주니 조금 안정이 되는지 웃으며 간다. 모자를 잃어버렸다는 것이 준식이 입장에서는 얼마나 큰일인지 생각해 보았다. 남의 힘듦이 나한테는 작게 보인다고 해서 쉽게 여기면 안 된다고 준식이가 알려 준 것 같다.

점심시간

점심시간이다. 5층 교실 창가에서 운동장을 봤다. 등에 3번 글씨가 크게 쓰인 옷을 입은 준식이가 보인다. 그런데 혼자 있다. 요일마다 도우미를 정하고 일주일에 한 번만이라도 잠깐이라도 함께하고 마음에 같이 두자고 부탁했건만……. 갑자기 속이 부글부글했다. 여자아이들은 철봉에서 모여 놀고 남자아이들은 농구를 하거나 공을 열심히 차고 있다. 준식이는 그 친구들을 쳐다보다가 운동장 끝으로 가서 있다가 다시 스탠드 쪽으로 온다. 내가 내려가서 놀아 줄 수도 없고, 그 또래들과 어울려야 맞는데……. 그런데 다른 반 남자아이가 준식이와 달리기를 한다. 준식이가 달리면 그 아이가 뒤따라가서 잡으려고 한다. '아마 5학년 때 같은 반 아이인가 보다.' 생각하며 잠깐이라도 같이 놀아 주려는 마음이 기특했다.

그 아이가 간 뒤에 내 눈이 번쩍였다. 우리 반 성연이가 준식이와 열심히 같이 노는 것이다. 준식이는 잘 달린다. 그래서 준식이가 뛰면 성연이가 열심히 잡으러 다녔다. 십여 분 그렇게 같이 노는 성연이가 너무 귀했다. 5교시에 내가 점심시간에 본 것에 대해 자세하게 이야기했다. 그리고 준식이가 외롭게 혼자 있지 않도록 서로 조금씩 관심을 갖자고 말했다. 성연이 칭찬도 많이 해 주었다. 준식이와 달리기하느라 불그스름해진 성연이의 얼굴이 너무너무 예뻐 보인다.

학습지

수업 시간에 담임인 내가 잠깐 시간을 내어야 준식이 공부를 조금이라도 봐줄 수 있는데, 수업을 하다 보면 그러기가 쉽지 않다. 어떨 때는 내가 준식이 봐준다고 다른 아이들한테 과제를 주면 아이들이 시끌시끌 떠들고 안 하기도 한다. 그래도 어르고 달래고 해서 잘하도록 해야 하는 것이 통합학급 담임의 할 일이리라.

준식이만을 위한 국어, 수학, 사회, 과학 학습지는 없다. 그래서 예전에 국립특수교육원에서 수준별로 만든 지도안과 학습지 파일이 있어서 그것을 준식이 수준에 맞게 조금 바꿔서 출력해서 쓴다. 이전 교육과정 때 만들어진 것이어서 없는 내용도 있고 학년도 다르지만, 없는 것보다는 낫다. 통합학급 교사들이 현장에서 이런 자료라도 만들어 달라고 요구하지만 개발하시는 분들께 다른 무슨 크고 바쁜 일이 있는지 자료가 늘 부족하다는 생각이 든다. 그래도 나는 도와주시는 선생님들이 계셔서 자료를 준비하기가 한결 낫다. 도움반 선생님들께 감사하다.

전 화

매주 수요일은 5교시 수업이다. 그런데 우리 반만 6교시를 해야 한다. 음악 전담 선생님께서 공개 수업을 하시기 때문이다. 준식이는 수요일에 수업이 마치고 나면 어머니께서 교문 앞으로 차를 가지고 오셔서 다른 활동을 하러 간다. 알림장에도 내일 6교시를 한다고 썼지만 퇴근하는 길에 마음이 편하지 않았다. 혹시 준식이 어머니께서 알림장 확인을 하지 못하셔서 준식이와 약속 시간이 어긋나면 어떡하나 걱정이 되었다. 그래서 준식이 어머니께 전화를 드려서 내일 6교시를 한다고 말씀드렸다. 저녁에 신경 써 주셔서 감사하다는 문자가 왔다. 나도 기분이 좋았다. 작은 일이지만 좀 더 배려하려는 마음을 가지고 있으면 된다.

예쁜 마음

준식이가 밥을 먹고 점심시간에 운동장에 나가서 뛰어 놀면 운동도 되고 좋은데, 나가지 않으려고 할 때가 있다. 그래서 준식이를 내보내려고 오늘은 민규한테 부탁을 했다. 민규는 친구를 잘 도와주는 착한 학생이다. 준식이와도 같이 지내려고 한다. 초콜릿을 하나 주면서 준식이와 현관에서 신발을 갈아 신은 뒤 나눠 먹으라고 했다. 그러면 준식이가 잘 나간다. 그런데 민규가 자기는 안 먹어도 되고 준식이 다 먹으라고 말한다고 한다. 다른 애들은 자기도 먹고 싶어서 같이 나눠 먹으려고 하는데…….

준식이를 생각해 주는 민규의 마음이 예뻐서 전병 과자를 선물로 주었더니 좋아하며 준식이와 같이 나간다. 이럴 땐 선생 할 만하다.

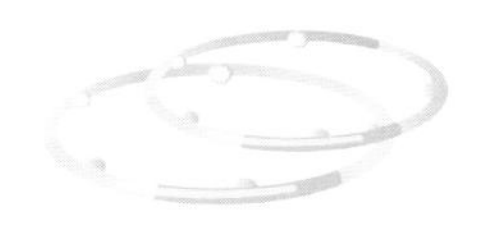

달려라, 준식아

대운동회가 취소되고 학년별로 운동회를 축소해서 하게 되었다. 개인 달리기, 단체경기, 계주 종목을 하게 되었다.

준식이는 장애물 달리기와 8자 마라톤 줄넘기에 참가했다. 장애물 달리기는 신호에 맞춰 출발해 앞에 있는 여러 가지 색깔의 고리 가운데 한 개를 선택해서 들고 뛰다가 앞쪽에 계신 선생님께서 들어 주시는 색깔과 같은 색깔이면 그대로 달리고, 다른 색깔이면 다시 가서 고리를 바꾸어 들고 뛰다가 후프를 한 번 통과하고 결승선까지 달리는 경기다. 준식이도 경기에 참가했다. 같이 달리는 모둠 아이들한테 준식이는 고리를 잡은 뒤에 트랙을 다 돌지 않고 후프 있는 데까지 직선으로 달린 뒤 후프를 통과하고 결승선으로 가게 하겠다고 했다. 같이 달리는 학생들도 그렇게 하는 것이 좋다고 했다. 경기를 시작하고 출발을 하고 나서 준식이가 가장 늦게 고리를 잡았는데, 준식이가 잡은 고리의 색깔과 선생님께서 들어 주신 색깔이 딱 맞았다. 아무래도 선생님의 배려가 있는 것 같았다. 준식이는 후프까지는 나랑 같이 손을 잡고 뛰고 나머지는 혼자서 뛰었다. 결국 3등을 했다.

준식아, 잘했다. 홧팅!

대걸레

학년 체육대회를 끝마치고 교실에 왔는데 집에 가기 전까지 시간이 좀 남아서 아이들은 사회과 동영상 자료를 시청했다. 수업이 끝나고 나서 아이들은 집에 갈 준비를 했다. 여학생들을 먼저 보내고 남학생들이 정리 정돈한 것을 보다가 준식이를 보니, 준식이가 대걸레를 들고 와서 자기 자리를 닦았다. 아이들이 준식이에게 혹시 물을 쏟아서 닦는 거냐고 물어보니 준식이가 그렇다고 대답을 한다. 다른 아이들이 준식이가 한 행동을 보고 감동받아서 박수를 쳤다. 물을 마시다가 바닥에 물이 떨어진 것을 보고 대걸레를 직접 가지고 와서 닦는 준식이의 행동을 보고 모두 칭찬을 아끼지 않았다. 모두들 준식이가 점점 더 업그레이드되는 것 같다고 말한다. 내가 봐도 그렇다.

깔끔한 준식이, 멋지다!

성수가 먹었어요

준식이가 도움반에서 체험학습을 다녀왔다. 5교시 수업이 시작되었는데 갑자기 준식이가 자기 잠바가 없다고 한다. 모자도 없다고 한다. 아이들은 준식이가 아침에 모자 쓰고 잠바 입고 왔다고 말한다. 체험학습 가서 잃어버리고 왔는지 걱정이 되어 도움반에 전화를 했다. 실무원 선생님께서 잠바와 모자가 도움반에 있으니 수업 마치고 도움반으로 와서 가져가라고 준식이에게 말했다고 하신다. 혹시 준식이가 얘기 안 했냐고 하시기에 준식이가 그런 얘기는 안 하고 잠바가 없어졌다고만 말했다고 했다. 통화를 마치고는 준식이에게 잠바가 도움반에 있으니 끝나고 들려서 가져가면 된다고 말했다. 그런데 잠시 뒤 잠바가 없다고, 잠바 어디 있냐고 또 물어본다. "준식아, 잠바 도움반에 있다고 했잖니. 잠바 도움반에 있다."라고 말한 뒤, 내가 다시 준식이에게 물어봤다.

"준식아, 잠바 어디 있다고?"

"도움반."

"준식아, 도움반에 뭐가 있다고?"

"잠바."

이렇게 여러 번 되풀이해서 대답을 하게 하고, 짝꿍인 성수한테도 몇 번 더 물어보고 대답하게 하라고 했다. 그런데 수업 중에 준식이가 다시 또 나와서 잠바가 없다며 잠바 어디 있냐고 물어본다. 대답 대신에 내가 준식이한테 잠바 어딨냐고 물어봤는데 느닷없이 "성수가 먹었어요."라고 말하는 것이다. '아니, 이제 잠바 때문에 스트레스 받아서 판단력이 흐려져서 이상하게 대답을 하는구나.' 하고 생각을 하는데 준식이 근처 아이들이 웃었다. 그러더니 "선생님, 성수가요. 준식이가 잠바 어딨냐고 자꾸 물어보니까 '내가 먹었어.'라고 말해서 그런 거예요."라고 했다. 성수에게 아무리 귀찮더라도 준식이는 그대로 받아들일 수 있으니까 틀리게 말하면 안 된다고 타일렀다. "성수가 먹었어요."라고 말한 준식이는 수업 끝나고 도움반에 들러서 잠바를 잘 가져갔다. 있는 그대로를 의심하지 않고 잘 믿는 아이들에게 내가 좀 더 진정성과 책무성을 가지고 임해야겠다고 다짐해 본다.

꾸미기 체조

체육 수업 시간에 스포츠 강사 선생님과 같이 수업을 한다. 우리 학교 체력단련실에서 꾸미기 체조를 자주 하는데, 요즘 아이들이 운동신경이 좋은 편이 아니라서 가능할까 걱정을 했지만 곧잘 한다. 이번 시간에는 피라미드 쌓기를 했다. 3층으로 쌓아 올리는 것인데, 맨 밑에 학생들이 무릎을 꿇고 엎드리고, 그 위에 2층에 학생들이 올라가고, 맨 위는 그 모둠에서 가장 가벼운 학생 한 명이 올라가는 것이다. 나머지 학생들은 양쪽 옆에서 자기 나름대로 어울리는 동작을 표현하면 된다. 준식이는 내가 맡아서 도와주기로 했다. 그런데 오늘따라 준식이가 기분이 좋은지 모둠 사이로 껑충껑충 뛰어다니고 모둠 활동에 잘 참여를 하지 않아서 준식이와 둘이서 서로 붙잡고 허리운동도 하고 등을 서로 대고 업어 주는 것을 했다. 다른 아이들은 모둠별로 피라미드를 멋있게 만들어서 발표를 했다. 그런데 스포츠 강사 선생님께서 준식이가 속한 모둠 아이들한테 가슴 뜨끔한 말씀을 하셨다.

"너희 모둠은 피라미드를 잘 쌓았고, 거기에 포함되지 않은 학생들은 옆에 서서 멋진 몸동작으로 표현을 했다. 하지만 이때 준식이도 데려와서 같이 했어야 했는데 그렇게 못했다. 다음에는 준식이가 잘 못해도 같이 할 수 있도록 더 노력을 해 주면 좋겠다."

나는 그 말씀을 듣는 순간 '아차, 내가 또 실수를 했구나.'라는 생각이 들었다. 아무리 준식이가 관심이 없고 함께 하는 것이 잘 안 되어도 내가 따로 데려다가 나하고만 같이 지내도록 한 것이 좋은 방법이 아니라는 것을 깨달았다. 준식이가 재미없어 하니까, 또 준식이가 속한 모둠 아이들한테 피해가 될 것 같으니까, 내가 데리고 있는 것이 준식이한테도 좋고 다른 모둠 아이들한테도 좋은 방법이라고 생각해서 그렇게 한 것인데……. 그럼에도 불구하고 선생님 말씀처럼 준식이와 같이 섞여서 피라미드를 만들었다면 훨씬 더 좋았겠다는 생각이 뒤늦게 들었다. 오늘은 후회스러운 날이다.

선생님, 죄송합니다. 그리고 준식이를 생각해 주시는 마음, 감사합니다.

학부모 공개 수업

학부모 공개 수업을 했다. 사회과 단원이고 우리나라 경제 성장에 따른 생활 변화 모습을 알아보는 시간이었다. 모둠별로 조직을 한 뒤 1970년대와 현재의 학교, 주택, 생활 모습의 변화 과정에 대해 발표 자료를 만들었다. 모둠별로 발표할 학생을 정하게 한 뒤 차례로 짧게 발표를 하였다.

준식이는 실무원 선생님께서 오셔서 도와주셨다. 준식이 어머니께서도 오셨다. 모둠별 발표를 다 마친 뒤 학습지로 정리하는 시간을 가졌다. 주어진 보기에서 사진 2장을 골라서 과거와 현재의 차이점을 설명해 보는 학습지였다. 준식이한테는 다른 학습지를 주었다. 1970년대와 2000년대의 학교, 주택, 생활의 변화된 모습이 있는 사진을 가위로 오린 뒤 해당하는 곳에 붙이는 내용이었다. 학습지 형태는 수준에 따라 다르겠지만 공부하는 주제는 같게 했다. 준식이가 실무원 선생님과 함께 열심히 잘했다. 이럴 땐 실무원 선생님이 계셔서 좋다.

선생님, 고맙습니다.

준식이의 눈물

준식이 짝꿍이 유진이로 새롭게 바뀌었다. 오늘 유진이가 학교에 오지 않았다. 너무 늦어져서 걱정이 되어 유진이 어머니께 전화를 드렸더니 "유진이가 어제 선생님께 말씀을 드렸다고 하던데요?"라고 하신다. 아차, 내가 깜빡했다. 오늘 유진이 아버님께서 해외에서 오셔서 마중 다녀와야 한다고 유진이가 얘기한 것을 까먹은 것이다. 유진이 어머니와 전화 통화를 마치고 나니 아이들이 준식이가 운다고 말한다. 왜 우는 거냐고 물어보니 짝꿍 유진이가 안 와서 운다고 한다. 눈에 눈물이 글썽거리려고 하고 얼굴이 불그스름해졌다. "준식아, 유진이가 공항에 아빠 마중 갔다가 이제 곧 온대. 그러니까 울지 마!" 하고 반복해서 말을 해도 유진이가 안 왔다고 자꾸 울먹거린다.

잠시 뒤 유진이가 오니 얼굴이 씨익 하며 웃음이 가득하다. 유진이에게 "준식이가 네가 안 와서 울었다. 유진이가 준식이한테 잘해 줘서 준식이가 네 생각을 많이 하는가 보다."라고 말하니 유진이가 좋아하며 웃는다. 점심 먹을 때 준식이에게 왜 울었냐고 물어보니 슬퍼서, 유진이가 안 와서 자리에 없어서 슬퍼서 운다고 한다. 우리는 준식이처럼 누군가를 생각하며 진심으로 울 수 있는 삶을 살고 있을까? 마음이 더 따뜻한 사람이 되어야겠다. 오늘도 준식이에게 배웠다.

따뜻한 점심시간

아침부터 속이 좋지 않아서 오늘 점심 급식을 먹지 않아야겠다고 생각하고 출근을 했다. 점심시간이 되어서 배식당번 아이들이 준비를 하였다.

분단별로 나가서 배식을 받아서 먹는데 누구 하나 담임인 내가 밥을 왜 안 먹는지 물어보는 아이가 없어서 은근히 서운한 마음이 들고 있었다.

그때였다. 준식이 짝인 유진이가 말한다.

"선생님, 준식이가요. '이진 선생님 왜 밥 안 먹어? 선생님 밥 왜 안 먹어?'라고 저한테 말했어요."

순간 나는 참 기분이 좋았다. 다른 아이들은 내가 밥을 먹는지 안 먹는지 관심이 없는데, 준식이는 내가 밥을 안 먹는 것을 보고 짝에게 물어본 것이다. 늘 밥을 먹던 내가 안 먹고 있으니 이상해서 물어본 것인지, 아니면 내가 몸이 안 좋아서 식사를 못 하고 있는 것이 걱정이 되어서 물어본 것인지는 중요하지 않다. 준식이가 나한테 관심을 가져 준다는 사실 하나만으로도 감사하다. 나도 준식이한테 더 관심을 가져 주어야겠다고 다짐해 본다.

준식아, 고맙다.

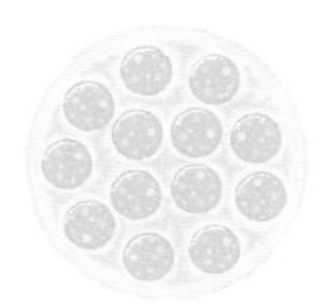

간식

준식이 어머니께 문자가 왔다. 한 학기도 다 끝나 가고 아이들이 기말시험 보느라 애썼고 또 준식이에게 잘해 주어 고마워서 간식을 넣었으면 한다고 하셨다. 학기 초에도 피자를 넣었으면 하셨는데 내가 안 된다고 했다. 어머니께서는 준식이 때문에 반 아이들에게 미안하기도 하고 해서 간식을 내셨으면 한다고 하셨지만, 나는 반 아이들도 장애학생과 같이 생활하며 배우는 기회가 되기 때문에 미안해하지 않으셔도 된다고 했다. 하지만 간식을 넣으시겠다고 또 그러시기에 이번에는 반대하지 않고, 대신 아이들에게 잘 설명하고 먹을 수 있도록 지도하겠다고 했다.

다음 날 6교시에 간식이 배달되어 왔다. 아이들은 함성을 지르고 아주 좋아했다. 지난번에 내가 피자를 쏠 때보다 더 좋아하는 것 같아서 내심 섭섭하기도 했다. 어머니들이 학급에 간식을 넣어 주신다고 하면 하시지 말라는 말씀을 늘 드리지만 그렇게 되지 못하고 간식을 받게 될 경우가 있다. 그럴 때는 아이들에게 누구 엄마가 내셨다고 절대로 말하지 않는다. 해당 학생이 자기 부모님이 내셨다고 말하는 경우도 그러지 말라고 타이른다. 간식을 내는 것이 자랑하는 것이 되어 오히려 역효과가 날 수 있기 때문이다.

하지만 이번에 준식이 어머니께서 보내 주시는 간식은 아이들에게 분명하게 말했다. 나는 준식이 어머니께서 준식이에게 잘해 주어서 고맙다는 뜻으로 간식을 보내 주셨다고 했다. 덧붙여 이렇게 이야기했다.

"준식이 때문에 너희가 수업시간에 힘들 때도 있고 쉬는 시간, 점심시간에 불편한 점도 조금 있었지? 그렇지만 너희도 준식이한테 불편함을 줄 때도 있었고 준식이가 힘들어할 수 있을 때도 있었어. 그리고 준식이 때문에 다른 반보다 우리가 더 많이 웃고 더 많이 행복해질 수 있는 일들도 있었어. 준식이한테 고맙다고 말하고 먹자."

준식이 때문에 더 많이 즐거웠고 좋았던 일들이 많았다는 말에는 반 아이들이 모두 고개를 끄덕이며 동의하였다.

그렇게 해서 나를 포함한 우리 모두는 간식을 즐거운 마음으로 맛있게 먹었다.

준식아, 고맙다.

생각해 봐요

통합학급 갈등 사례

우리나라 학생들은 초등학교, 중학교, 고등학교를 거치면서 장애학생과 같이 지내게 될 때가 있다. 이런 경우 대부분의 학교에서는 통합학급 구성원이 되어야 장애이해교육을 받게 된다. 그리고 교육내용 또한 교실에서 일상적으로 자연스럽게 발생할 수 있는 구체적인 사례가 아니라 장애인식개선의 당위성과 그에 따른 전체적인 큰 범주에 속한 틀에 박힌 듯한 내용들로 구성되어 있다.

그리고 통합학급이 아닌 일반학급 학생들에게는 구체적인 장애이해교육 프로그램이 없는 상황이다. 통합학급 구성원이 되었을 때 장애이해교육을 받는 것도 좋지만, 내년이든 후년이든 언젠가 통합학급 구성원으로 속하게 될 때가 있으므로 미리 통합학급에서 일어날 수 있는 갈등 사례에 대해 고민해 보고 그 해결방안에 대해 생각하는 시간을 갖는다면, 실제로 그런 상황이 발생했을 때 좀 더 효과적으로 문제해결능력을 갖추게 될 수 있다고 본다.

도움반 친구를 까닭 없이 놀리려고 해요.

은미는 정신지체 2급으로, 학급 친구들의 이름을 다 외우지 못한다. 쉬는 시간이면 은미 자리에 모여

"은미야, 나 누구야? 응?"

"김주리? 아, 뭐더라? 김……."

은미는 머리를 긁적이며 안타까운 표정을 짓는다.

"얘들아, 은미가 나보고 김주리래? 하하하하."

은미를 둘러싸고 놀려 대는 아이들, 어쩔 줄 몰라 허둥대는 은미.

"얘들아, 뭐 하는 거니?"

선생님의 화난 목소리에 아이들은

"저희가 은미한테 이름 가르쳐 주는 거예요."

하고 태연하게 대답을 한다.

은미의 당황하는 표정을 보고도 어떻게 아무렇지 않게 저런 대답을 할 수 있을까?

도움반 친구 물건을 자기 마음대로 쓰려고 해요.

은미는 어머니께서 늘 수업 시간에 쓸 준비물을 넉넉하게 챙겨 주신다. 은미가 행동이 느리고 친구들의 생각에 맞춰 활동하기가 어려우니 준비물만이라도 잘 가져가서 친구들과 함께 쓰기를 바라시는 은미 어머니의 배려시다. 은미의 필통에는 늘 잘 깎인 연필이 가득하고, 사물함엔 색연필, 사인펜, 가위, 풀 등이 다 2개씩 들어 있다.

모두 다 신나는 미술 시간, 미래에 자신이 살 집을 꾸미고 있다. 은미의 준비물은 골판지, 색종이, 가위, 풀이다. 어머니와 주간학습계획을 보고 미리 어떤 집을 꾸밀지 생각하고 재료를 준비한 것이다. 하지만 은미의 모둠 아이들은 너도나도 은미의 준비물 중에 마음에

드는 것을 가져간다.

"은미야, 나 색종이 좀 쓸게."

"은미야, 나 가위 좀 쓸게."

은미가 대답을 하기 전에 은미가 쓸 것을 자기들 마음대로 가져간다. 은미 어머니가 만약 이 장면을 보셨다면 뭐라고 하실까?

도움반 친구와 점심시간에 같이 놀지 않으려고 해요.

아이들이 운동장에 놀러 나가 거의 교실이 비어 있는 점심시간, 은미만 교실에 앉아 있다.

"은미야, 왜 혼자 있어?"

"친구들이 저랑 안 놀아 줘요."

"얘들아, 왜 은미랑 안 놀아?"

"아니에요. 은미가 싫다고 한 거예요. 은미가 자꾸 자기만 술래 한다고 안 논대요."

"왜 은미만 술래를 하니?"

"은미가 도둑 못 잡아서 그런 거예요."

"그래도 은미 도둑 좀 시켜 주지."

"은미는 도둑 해도 느려서 금방 잡혀요."

이런 일이 있다 보니 아이들이 은미와 노는 것을 피하게 된다. 아이들 입장에서는 같이 놀자니 재미가 덜하고, 안 놀면 안 논다고 선생님께 꾸중을 들어야 하니 어쩌면 좋을까?

도움반 친구가 괴롭힘을 당하는 것을 봐도 모른 척하려고 해요.

운동장 놀이터에서 남자아이들이 민지의 신발주머니를 던지며 놀고 있다.

"이리 줘, 빨리 줘."

"네가 잡아 봐. 잡아 보라니까."

주변에 있던 민지 반 친구들은 말릴 생각도 없이 지켜보고만 있다.

이 사실을 알게 된 선생님이 나오셨다.

"너희들 뭐 하는 짓이냐? 얼른 신발주머니 민지 줘.

너희들은 왜 보고만 있는 거냐? 같은 반 친구가 괴롭힘을 당하는데……."

"재미있어서요."

"제 일도 아닌데 제가 왜 나서요?"

"저도 같이 놀림당하기 싫어요. 애들이 민지 편든다고 저를 따돌리면 어떡해요?"

선생님으로서 민지를 편들어 주는 게 어렵고, 못 본 체하는 것도 마음에 걸린다.

이럴 땐 어떻게 해야 하는 걸까?

도움반 친구 때문에 공부에 방해가 된다고 생각해요.

태준이는 수업을 하다가 지루해지면 노래를 부르거나 책상을 두드린다. 기사문 쓰기를 하던 국어 시간, 문장을 만들어 쓰는 것을 어

려워하는 태준이가

"다 같이 돌자, 동네 한 바퀴."

하고 노래를 부르며 책상을 두드리기 시작한다.

"선생님, 태준이 때문에 집중이 안 돼요."

"너무 시끄러워서 공부 못 못하겠어요."

선생님이 글씨 안 쓰는 태준이의 왼손을 잡아 준다. 노래가 그친다. 하루에도 몇 번씩 이런 일이 반복된다. 어떻게 하면 좋을까?

선생님이 도움반 친구를 편애하는 것 같아 기분 나빠요.

4학년 수학 단원평가 경계선급 아이인 태준이는 30점을 맞고, 학습부진아인 예린이는 50점을 맞았다.

"태준이랑 예린이는 오늘 남아서 보충학습 받고 재평가 봐서 통과되면 간다."

방과 후에 교실에 남아서 선생님의 설명을 다시 듣고 시험을 본다.

태준이의 시험지는 기초과정, 예린이의 시험지는 기본과정이다.

"선생님, 그런데 태준이 시험지만 왜 더 쉬워요? 저도 기초시험지 주세요."

"아니야, 넌 이 정도는 충분히 할 수 있어. 해 봐."

"선생님은 태준이 생각만 해요. 저도 수학 공부하는 거 힘들단 말이에요."

아이들이 이렇게 오해하지 않게 하려면 어떻게 해야 할까?

같이 잘못을 했을 때 우리들만 혼나게 되어서 속상해요.

태준이가 쉬는 시간에 선생님께 와서 이른다.

"선생님, 6반 상민이가 저 때렸어요."

"왜? 네가 뭐 잘못했어?"

"아니요."

"가서 상민이 데리고 와라."

잠시 후 상민이가 왔다.

"상민아, 너 왜 태준이 때렸어? 누가 친구 때리라고 했니?"

"그게 아니라 태준이가 먼저 절 놀렸어요."

"왜?"

"전 아무 짓도 안 했는데 태준이가 먼저 '바보'라고 놀렸단 말이에요."

"그래? 그래도 때리는 건 잘못한 거야. 다음엔 때리지 마라."

"선생님, 그런데 태준이가 먼저 잘못했는데 왜 저만 혼나요?"

"태준이는 생각 없이 놀리는 거야. 다음부터는 모른 척하면 안 될까?"

태준이게게 친구를 놀리면 안 된다고 계속 얘기하지만 고쳐지지 않고 있다. 이럴 때마다 어떻게 하면 좋을까?

도움반 친구가 수업시간에 어려워하는데 왜 같이 공부해야 하는지 모르겠어요.

5학년 수학 시간에 '대분수÷자연수'의 계산과정을 공부하고 있다.

"대분수÷자연수를 계산하는 방법을 말해 볼까요?"

"먼저 대분수를 가분수로 고친 뒤 곱셈식으로 계산합니다."

"그렇죠. 이제 방법을 알았으니 익히기 문제를 풀어 보세요."

은미에게 다가간 선생님,

"은미야, 사탕 여덟 개가 있는데 네 명이 똑같이 나누어 먹으면 한 명이 몇 개씩 먹을 수 있을까?"

바둑알로 세어 본 은미,

"두 개요."

옆에 있던 짝꿍 상현이,

"선생님, 은미는 우리하고 다른 공부하는데 왜 우리랑 같은 교실에서 공부해요?"

이럴 때 뭐라고 답해야 할까?

도움반 친구가 놀이 방법을 설명해 줘도 모르니까 재미없어서 같이 놀 수가 없어요.

5학년 체육 시간 공 피하기 게임을 하고 있다.

"선생님, 팀 다시 짜 주세요. 우리가 불리해요."

"왜?"

"은미가 자꾸 다른 편에게 공을 줘요. 그래서 우리 편이 다 죽잖아요."

"알았어, 선생님이 은미 잘 보고 있을게."

다시 게임을 진행하였다. 어쩌다 은미에게 공이 가니 은미는 또 상대편에게 공을 준다.

"은미야, 너희 편에게 줘야지."

은미 팀 아이들은 자기 팀이 지게 되자,

"선생님, 은미 때문에 우리가 졌어요. 은미랑 같은 편 하기 싫어요. 아무리 말해 줘도 모르잖아요."

라고 불평한다.

은미는 자기편과 상대편을 구별하지 못한다. 당연히 경기 규칙을 이해하지 못한다. 그러면 은미는 다시는 아이들과 같이 놀 수 없는 걸까?

선생님이 안 보는 시간에 도움반 친구한테 함부로 할 때가 있어요.

은미는 학급 친구들이 자신에게 함부로 대해도 싫다고 말할 줄 모른다.

종례시간에

"각자 자기 자리의 쓰레기를 주워요. 쓰레기가 하나라도 있는 사람은 남아서 교실 청소 다 하고 가야 합니다."

라고 말하자, 아이들은 각자 자기 자리의 쓰레기를 주워 쓰레기통에 버린다.

그런데 반의 개구쟁이 영수, 선생님이 알림장을 검사하는 사이에

"은미야, 너 쓰레기 좋아하지? 내 것도 가질래?"

하고는 은미의 책상 아래로 쓰레기를 발로 밀어 보낸다.

은미 책상 아래의 쓰레기를 발견한 선생님이

"은미야, 너도 자리 청소해야지. 얼른 주워서 휴지통에 버리고 와.

그리고 앞으로는 쓰레기 버리지 마."

라고 말하자, 은미는

"아아, 그게 아닌데……."

하며 영수를 바라보고만 있다.

선생님이 은미를 계속 지켜줄 수도 없는데 어쩌면 좋을까?

우정의 붓

다 못 그린
혜진이 그림

앞자리 최소라가
멀리 창국이 자리까지
가서
붓에 물을 적셔
갖다 준다

도와주려는
착한 마음

우리 커서도
이렇게 살자

승민이네 꿀

믿을 만한 집에서 파는
토종꿀이라
약으로 삼으러 갔다
땅바닥과 친하게 지내려는
지붕 낮은 겸손한 집

할아버지는 숯 공장 퇴근하셔서
얼굴 거뭇거뭇
눈과 이가 하얗게 웃으신다
일곱 살 다섯 살 손자손녀
같이 산다

막내아들 이혼해서
데려다 놓은 새끼들
저녁 무렵 사람소리 들리면
엄마 엄마
좁은 창으로 바깥 보며
부르는 다섯 살 손녀

엄마 안 오니까 부르지 말라고
할머니 큰 소리 나면
소리 작게 몰래 불러 보는
엄마 엄마
그 아들 돈 바빠
보내 주지도 않는다는 말 듣고

침 한 번 꿀꺽 삼키고 토종꿀 한 병
더 사서 나온 날
지갑은 가벼워졌지만
마음은 든든하고 따뜻해졌다

까먹지 않은 말

우리가
노동자 농민
노동자 농민
자꾸 말하는데
노동자 농민보다
더 어려운 사람 있습니다
바로
장애인 분들입니다
이분들 잘 도울 때
우리 사회가 밝아질 겁니다

교사의 꿈

이름 없이 순수 사랑 진실의 하늘 빛 받아
끝까지 아이들만 가르치며 살고 싶은 꿈
늙어갈수록 현실 앞에서 소용없어요
마음 귀 못 박히도록 듣는 시대 흐름
이 흐름 속 역류하며 살아가려는 연어
시대의 물줄기 돌리려 삶으로 하는 노력
아이들 땅 죽는 밀알 되도록 기도해 주소서

저자 소개

이 진(Lee Jin)

춘천교육대학교 졸업
대구대학교 교육대학원 졸업(특수교육 전공)
현 인천길주초등학교 교사

〈저서〉
아하! 통합학급 문제행동(공저, 학지사, 2011)
아하! 통합학급(공저, 학지사, 2012)
아하! 통합교육(공저, 학지사, 2014)

어깨동무의 꿈

알콩달콩 통합학급 이야기

Inclusive Classroom Story

2015년 6월 1일 1판 1쇄 인쇄
2015년 6월 10일 1판 1쇄 발행

지은이 • 이 진
펴낸이 • 김진환
펴낸곳 • (주) 학지사

121-838 서울시 마포구 양화로 15길 20 마인드월드빌딩
대표전화 • 02)330-5114 팩스 • 02)324-2345
등록번호 • 제313-2006-000265호

홈페이지 • http://www.hakjisa.co.kr
커뮤니티 • http://cafe.naver.com/hakjisa

ISBN 978-89-997-0702-5 03370

정가 13,000원

이 도서의 국립중앙도서관 출판시도서목록(CIP)은 서지정보유통지원시스템 홈페이지(http://seoji.nl.go.kr)와 국가자료공동목록시스템(http://www.nl.go.kr/kolisnet)에서 이용하실 수 있습니다.
(CIP제어번호: 2015013549)